Benita Glage · Einsamkeit

Zur Einstimmung

Mir vertraute, meist ältere und alleinlebende Zeitgenossinnen fragen mich: »Woran arbeitest du gerade?« Und wenn ich dann antworte: »Am Thema Einsamkeit«, entsteht kurz ein beredtes Schweigen und danach kommt der Satz, fast aufatmend: »Alleinsein ist ja nicht einsam sein!« So, als wollten sie einen eben gefühlten Schrecken in sich besänftigen:
Mit meinem Thema gerate ich offenbar in eine Tabuzone.

> *»Aber tut sich nicht zuweilen im stillsten Allein-Sein eine unvermutete Pforte auf? Kann sich nicht der Verkehr mit sich selbst in einen Verkehr mit dem Geheimnis verwandeln?«* [1]

Was für ein Gegensatz zu dem gängigen Verständnis von Einsamkeit! Den Umgang mit sich selbst in die Berührung mit dem Geheimnis verwandeln! Einsamkeit als tiefe Quelle, um zu sich selbst zu finden. Nur ein Schönreden – oder? (Mehr dazu im letzten Kapitel »Von der Kraft aus der Einsamkeit«)

Angeblich leiden besonders alte Menschen unter Einsamkeit. Stimmt das wirklich? Oder meinen die wohlwollenden Zeitgenossen nicht eher eine soziale und emotionale Isolation im Altwerden, die schmerzhaft sein kann, so sehr, dass sie die Wahrnehmung des eigenen Selbst betäubt?

Der mögliche, innere Gewinn des Allein- und Einsamseins bleibt bei solcher Art der Betrachtung verschlossen.

Was meinen die älteren, mir vertrauten Frauen, die das Phänomen Einsamkeit für sich in Anspruch nehmen? Was meinen sie konkret? Nicht – oder nicht mehr – gebraucht sein, in keinen bestimmten sozialen Rhythmus eingebunden sein? Herausgefallen

1 Martin Buber, in Sendung vom 17.11.07, WDR 3

aus dem Familiengefüge, ohne vertraute Aufgaben sein? Ohne einen Menschen sein, für den frau da ist?

Aber wann, wenn nicht jetzt im Älterwerden, kann Eins-Samkeit erfahren und neu gefüllt werden mit Selbstsubstanz?

Einsamkeit kann im Verlauf des Lebens eines Menschen immer wieder auftauchen, kann ihn förmlich überfallen. Nach meinem Verständnis ist sie stets ein Hinweis auf eine Wandlung, die ansteht.

Jedoch als andauernden, sich selber verfestigenden Zustand halte ich Einsamkeit für nicht »menschenwürdig«.

Ich möchte Einsamkeit als Wachstumskrise, als Übergang zu neuen Ufern schildern – anhand von zwölf Charakteren, denen ich einen Namen verleihe, die aber nicht als Einzelpersonen zu verstehen sind. Sie stehen für viele Menschen in unseren Zeiten und unseren postmodernen inneren Welten.

Einsamkeit in verschiedenen Lebensphasen

Anna

Das Kind zögert – soll es – soll es nicht? An der Balkontür bleibt es stehen. Es hält eine Puppe unter dem Arm, mit der linken Hand ein Kinderstühlchen. Um die Tür zu öffnen, müsste es den Stuhl abstellen und die Puppe in die andere Hand nehmen. Es steht und wartet. Eigentlich hat es unten spielen wollen, auf der Straße, dort, wo die Kastanien wachsen. Große, schattenspendende Bäume mit einem kleinen Erdrand um den Stamm. Nur eine Andeutung von Erde in dem gepflegten Bürgersteig. Da unten kann es Murmeln oder Kreiseln spielen. Da unten! Dort, wo die anderen Kinder sind. Da ist Leben. Es darf aber heute nicht nach unten. Heute ist Verbotstag. Heute soll es oben bleiben, hat die Mutter gesagt. Oben im zweiten Stock, in der großen, stillen Wohnung mit den leisen Tönen. Das Esszimmer hält weihnachtliche Lieder bereit und während des übrigen Jahres ein unhörbares Summen. Alle Jahre wächst neben der Balkontür der Weihnachtsbaum zu seiner stattlichen Höhe hinauf, bis zu dem silbrigen Stern auf der Spitze, unübersehbar. Lichtfülle. Das Kind erinnert sich. Weihnachten liegt noch nicht lange zurück, nur wenige Monate. Wie lang können Monate sein, wenn man gerade fünf Jahre alt geworden ist?

Weihnachten, alle Herrlichkeit der Welt, ach, des Lebens überhaupt ist dann hier in diesem Zimmer versammelt. Ein Zimmer von sechs Zimmern einer Wohnung im Südwesten der Großstadt. Gutbürgerlich, was das Vorderhaus betrifft. Hinten, über den Hof an den Mülltonnen vorbei, wohnen andere Leute. Da darf das Kind nicht hin. Nur mal eben in die Toreinfahrt schauen. Ein Kind darf schließlich nicht alles wollen, was es will. Getrocknete Tränen haben ihre Spuren auf den breiten Backen hinterlassen. Das Kind hat ein großes, manchmal trauriges Gesicht. Das kommt davon, weil alles so unordentlich geworden ist, sagt die Mutter. Und sie seufzt manchmal. »Du bist zu kurz gekommen durch Vaters Tod, Goldmarie.«

Die Mutter hält ihre Tränen sorgfältig vor dem Kind verborgen. Sie kann den Tod ihres Mannes, »nach langer, in Geduld ertragener Krankheit«, wie es in der Anzeige hieß, noch nicht verwinden.

Die Mutter muss jetzt manches Mal an ihre eigene Kindheit denken, sie als Mittlere von sechs Geschwistern. Den Großen war sie bei ihren Unternehmungen lästig, den Kleineren ging sie lieber aus dem Weg. Aber sie hatte noch wenigstens ihren Vater gehabt. Wenn sie sich allein und unverstanden inmitten der Geschwisterschar fühlte, flüchtete sie sich in sein Arbeitszimmer und saß ganz still mit einem Buch auf dem Fußboden neben seinem Schreibtisch, bis er mal aufblickte, die Brille nach oben schob und sie kurz aber freundlich ansah, um sich gleich wieder seinen Büchern und vielen Zetteln zuzuwenden. Ihre Mutter war immer beschäftigt. »Geh spielen, Ännchen«, war der stereotype Satz, den sie hörte, wenn sie in ihre Nähe kam und zu stören wagte. Die Mutter schien sich für nichts von alledem zu interessieren, was ihre kleine Tochter beschäftigte.

Nein, sie will für ihr Kind da sein, das soll es besser haben! Und das heißt, es immer im Auge zu behalten, Nur im Blickfeld des Balkons darf es auf der Straße spielen. Und die Mutter achtet genau darauf, dass es den rechten Umgang hat. Nicht mit den Kindern auf der Straße. Nicht mit den großen, frechen Jungen. Wer weiß, was die so einem stillen Kind alles antun könnten. Eines der Mädchen von unten darf gelegentlich mit nach oben kommen, aber nur, wenn Anna ihr Zimmer vorher sorgfältig aufgeräumt hat.

Die Mutter war als Kind viel krank gewesen, hatte wochenlang in ihrem Zimmer allein gelegen. Nur die Putzfrau hatte sich manchmal an ihr Bett gesetzt. Mit anderen, gar ›fremden‹ Kindern spielen, draußen herum toben, etwas aushecken und anschließend zusammenhalten gegen die Erwachsenen, sich streiten und wieder versöhnen, das hatte sie nicht kennen gelernt.

Das Kind steht noch immer unschlüssig. Balkon ist nicht das Gleiche wie unten spielen. Es steht am Rande des Teppichs. Der ist alt und hat Fransen. Manchmal hockt es sich hin und flicht Zöpfchen. Dann seufzt die Mutter: »Aber Goldmarie!« Und das Kind guckt schuldbewusst zu Boden. Aber beim nächsten Mal, wenn es sich langweilt und zu den unhörbaren Tönen im Esszimmer flüchtet, flechten seine Finger wie von allein Zöpfchen aus den Teppichfransen. Es bekommt sie nie wieder selber aufgeknübbert. Das macht jemand anderes. Vielleicht die große Schwester.

Das Kind setzt vorsichtig einen Fuß auf die Schwelle. Es hat inzwischen die Balkontür geöffnet, die Tür des Esszimmers ist ins Schloss gefallen. Es hat ein bisschen gescheppert. Mehr nicht. Das Kind entschließt sich, auf den Balkon hinauszutreten, dort Puppe und Stühlchen endlich abzustellen. Der Balkon ist schmal, viermal ein Meter, zu schmal zum Spielen. Das Kind steht, schaut und schnuppert, Augen und Nase weit geöffnet. Die Luft riecht nach Frühling. Die Blumenkästen sind leer. Nur ein Meisenring, leergepickt, baumelt noch. Die Sonne spielt Verstecken mit den schwellenden, schon glänzenden Knospen und Zweigen der Kastanien. Die Bäume sind groß und reichen von unten bis über den zweiten Stock hinaus. Die Bäume können unten sein. Die haben es gut. Aber es hat keinen Zweck mehr, an unten und an die Kinder zu denken. Es war ja nicht lieb, hat die Mutter gesagt. Wenn es mal groß ist, wird es selbst entscheiden, was es darf und was es nicht darf. Aber dann ist sowieso alles vorbei; »Wenn du groß bist, ist alles vorbei«, tröstet die Mutter, wenn es leise durch die Nase schluchzend wieder einmal mit aufgeschlagenem Knie von unten nach oben kommt.

Gestern war Ostern. Ostern ist, wenn man außer Weihnachten und Geburtstag noch etwas geschenkt bekommt. Anna hat eine kleine Kiepe bekommen, aus Spanholz, zum Aufschnallen auf den Rücken. Die hat sie sich schon lange gewünscht. Morgens hat sie erst im Wohnzimmer bunt bemalte, hart gekochte Eier gesucht. Überall sind die versteckt gewesen. Alle haben herumgestanden und gewartet, dass sie weiter suchen würde. Da hat sie die Kiepe gefunden. Alle haben gewartet, dass sie sich freuen würde. Sie hat sich gefreut, sich die Kiepe sofort auf den Rücken gehängt und ist damit um den großen Esszimmertisch herum gewandert. Dann hat sie Ein- und Auspacken gespielt mit den Spielsachen aus dem großen Regal im Kinderzimmer. Schließlich war Nachmittag, und sie hat alles ausprobiert, was sie mit der Kiepe machen konnte. Da wollte sie nach unten und sie den anderen Kindern zeigen.

Seit sie hier wohnte, das war noch nicht lange, zogen sie die anderen Kinder auf der Straße an, obwohl sie ihr noch immer fremd waren. Straßenkinder! Die Mutter fragte immer ganz genau, wenn sie vom gelegentlichen Spielen da unten mit roten Backen und halboffenen Zöpfen nach oben kam, wer denn mit ihr gespielt habe und was denn und wie denn. Manchmal wurde ihr solches Fragen lästig. Sie fing an, lieber allein zu spielen. Zunächst noch unten, an dem bisschen Erde rund um den Kastanienbaum. Oder sie ließ ihren Kreisel über das Pflaster springen. Schließlich begann sie öfters oben zu spielen. Da konnte sie nicht ständig gefragt werden, wer denn und was denn und wie denn.

Aber heute Nachmittag wollte sie nach unten und die kleine Kiepe vorführen. Ja, sie dürfe hinunter, aber ohne Kiepe. Die könnte sonst kaputt gehen. Da wollte Anna nicht wie die Mutter wollte, und sie maulte, wie die sagte. Sie war gar nicht lieb. Die Mutter schimpfte schließlich laut und verkündete, dass nun der Vater im Himmel ganz traurig sei.

Anna hatte sich geschämt, geweint und mit hängenden Armen da gestanden. Das sahen auch die Großen und meinten, dass sie nun wohl wieder lieb sein wolle. Da hatte sie nicht widersprochen.

Manchmal würde Anna viel lieber ganz wütend mit den Füßen aufstampfen, ein Spielzeug in der Gegend rumschmeißen, sich umdrehen und einfach schreien. Aber sie ist ja schon ein großes Mädchen. Das tut so was nicht. Hat sie »das Böckchen«, wird davon nur wieder der liebe Vater im Himmel ganz traurig. Dann muss sie sich schämen. Und wenn sie sich schämt, dann weint Anna.

Vorhin hat sie auch geweint. Sie weiß jetzt schon gar nicht mehr so recht weshalb. Sie muss oft weinen. »Heulsuse« sagen dann die großen Geschwister. Ob die früher auch geweint haben?

Nun darf sie auf dem Balkon spielen, allein und oben. Nur der Kastanienbaum verbindet unten mit oben. Ob der Baum sieht, dass sie nicht lieb gewesen ist?

Die Puppe und das Stühlchen sind endlich auf dem Balkon abgestellt. Und Anna holt sich die Kiepe und eine große Decke. Da kann sie sich eine Höhle bauen. Sie hat sich damit abgefunden, dass sie heute Nachmittag nicht nach unten darf, nicht mit der kleinen Kiepe auf dem Rücken. Sie richtet sich schließlich auf dem Balkon zum Spielen ein. Sie läuft hin und her, immer durch das geheimnisvolle Zimmer hindurch und über den Teppich mit den Fransen. Und sie trägt alles, was sie braucht, auf den Balkon. Klötzchen und Glasperlen. Die Mutter ist zufrieden, als sie nach ihrer Goldmarie schaut.

Die Kiepe steht abseits, zwischen Stuhl-Decken-Höhle und Hauswand, klemmt und passt sich nicht ein. Anna versucht es erst im Guten. Dann wird sie zornig. Sie schimpft laut, »Du böse Kiepe!« und zerrt an ihr. Aber die Kiepe gibt nicht nach. Sie hat sich verhakt. »Du sollst hören, was ich dir sage.« Aber die Kiepe bleibt stumm. Da gibt ihr Anna einen Stoß mit dem Fuß, und sie fällt um. Alle Glaskugeln springen heraus, die Klötzchen liegen auf dem Steinboden herum. Die Kiepe bleibt noch immer stumm und störrisch. Da wird Anna ganz schrecklich wütend, holt einen Stock und schlägt auf sie ein. »Wer nicht hören will, muss fühlen«. Anna ist allein. Niemand kann sie hören. Auch unten ist weit weg. Endlich kann sie laut und nach Herzenslust schimpfen und auf die Kiepe einschlagen, immer mehr, bis kleine Spanfetzen herausbrechen, zu Boden fallen. Da möchte sie am liebsten aufhören. Die schöne Kiepe! Und sie hatte sich so gefreut. Anna weiß gar nicht mehr so recht, warum sie so wütend geworden ist. Sie durfte doch schließlich auf dem Balkon spielen.

Aber da innen, ganz tief im Bauch, da ist es so seltsam heiß. Sie kann nicht mehr aufhören. Je mehr die Kiepe zersplittert, desto mehr schlägt Anna darauf ein. Endlich zertritt sie mit den Füßen die übriggebliebenen Reste. So. Und so.

Da liegen die Trümmer. Die schöne Kiepe! Anna hat aber keine Kiepe mehr. Da weint sie und läuft zur Mutter. Die kommt und hebt die Hände empor: »Ach du meine Güte! Was hast du denn da wieder angestellt, Goldmarie! Eine schöne Bescherung! Man kann dich doch keinen Augenblick allein lassen. Wieso hast du das getan?« Aber Anna schweigt. Die Kiepe hat auch geschwiegen.

Schade um die schöne Kiepe. Das kommt davon, wenn man so wütend ist. Anna bekommt Angst vor ihrem Gefühl, das sie vorhin tief und so heiß in sich gespürt hat. Am besten, es gar nicht mehr spüren. Nie wieder! Sonst geht noch mehr kaputt. Sonst hört der Vater im Himmel gar nicht auf, traurig zu sein.

Als Anna die Spansplitter im Abfalleimer verstaut, schweigt sie noch immer. Deckel darauf und zu. Sie will nur noch lieb sein. Dann muss sie nicht mehr so viel weinen. Dann geht hoffentlich nichts mehr kaputt.

Zur Einsamkeit des behüteten Kindes

Nein, ich spreche nicht von der Einsamkeit eines äußerlich und meist auch innerlich vernachlässigten Kindes. Ich meine die ganz alltägliche kindliche Einsamkeit, die fast alle von uns heute Erwachsenen erlebt haben, sofern wir das Glück *und* das Schicksal hatten, als geliebtes und teilweise sogar behütetes Kind aufzuwachsen.

Einsamkeit – damit meine ich hier, auf einen Nenner gebracht: nicht im eigenen So-Sein gesehen und respektiert werden, sondern einem Bild des Erwachsenen oder einer Norm entsprechen müssen.

Einsamkeit, das heißt: nicht die eigenen Bedürfnisse, Impulse und Gefühle wahr sein lassen dürfen, sie nicht leben können. Dem eigenen wachsenden Autonomiestreben nicht Gestalt geben können.

Wohlgemerkt, ich meine damit nicht, dass ein Kind »tun und lassen kann, was es möchte« – auch das wäre eine Form des Alleingelassenseins, der Einsamkeit.

Wenn einem Kind alle Schwierigkeiten und Auseinandersetzungen abgenommen werden, wenn es »behütet« wird, dann kann es nicht die eigenen Impulse und Gefühle *auch* in ihrer destruktiven Kraft kennen lernen. Es bleibt angewiesen auf den Schutz der Bezugspersonen. Oft ist ein solcher Mensch bis ins Alter hinein angewiesen auf die immerwährende Zuwendung anderer, auf den Schutz und die Weisungen von Autoritäten – sei es in der Gestalt von Vorgesetzten, Lehrern, »Meistern« bzw. (verinnerlichten) Glaubenssätzen. Oder scheinbar banal ausgedrückt: von den Spielregeln einer Spaß- und Freizeitgesellschaft.

Das eigene So –Sein nicht leben dürfen, führt letztlich dazu, die Gefühle unter Verschluss halten zu müssen – »Deckel darauf und zu«, es bedeutet, sich selber zu verschließen. Nicht mehr aus –sich –heraus –gehen können. Das, was eigentlich das Wort Aggression (an etwas herangehen) bedeutet, nicht leben können.

Die Mutter leidet unter dem frühen Tod ihres Mannes. Sie hält selber ihre Gefühle dem Kind gegenüber verborgen und unter Verschluss. So gibt sie, ohne es bewusst zu wollen, ihrem Kind ein »Vorbild«, wie mit den eigenen Gefühlen – besonders mit dem Traurigsein – umzugehen ist. Anna hatte aus der Perspektive ihrer kindlichen Psyche heraus viele Anlässe und guten Grund, wütend zu sein. Aber damit übertrat sie die Familien- und letztlich auch gesellschaftlichen Normen. Anna hatte guten Grund, traurig zu sein – erlebte aber nur, als »Heulsuse« diffamiert zu werden. Oder, was noch schlimmer war, sie hörte den Satz »du brauchst doch nicht traurig zu sein« – einer der noch heute beliebtesten »Gefühlskiller«, nicht nur Kindern gegenüber!

Anna soll dem Bild von »Vaters Tochter« entsprechen. Ihr bleibt nur die Rolle des »lieben Kindes« übrig. Damit ist sie in ihrer Einsamkeit festgezurrt. Sicherlich, das alles läuft in der Regel »subkutan« und im Schutze des Unbewussten ab. Eben deshalb ist es auch so prägend und bis weit ins hohe Erwachsenenalter hinein wirksam.

Anna soll es besser haben als sie, die Mutter, es einst erlebt hat. Im Grunde »braucht« die Mutter ihre Jüngste, um an das eigene, mehr oder minder vergessene, gerade auch das schmerzliche Kindheitserleben wieder heran zu kommen. Aber eine solche Ein-Sicht in die erwachsene Psyche ist der Mutter wohl kaum möglich, sie überträte damit das Tabu ihrer eigenen, einsamen Kindheit!

Der Satz: »Mein Kind soll es besser haben als ich«, sollte geändert werden in: »Mein Kind soll es seinen Bedürfnissen entsprechend so gut wie möglich haben!«

Im Grunde haben wir alle, die wir heute erwachsen sind, diese kindliche Einsamkeit erlebt, erlitten, erfahren – und können bestenfalls im Laufe der mancherlei Lebens-Herausforderungen ein Stück weit nachreifen: indem wir uns nochmals mit diesen frühen schmerzlichen Gefühlen konfrontieren oder auf sie durch schicksalhafte Erfahrungen gestoßen werden. Und indem wir versuchen, diesen damals vernachlässigten, negierten, unterdrückten

Gefühlen ihre uns heute angemessene Gestalt zu geben – besonders den großen Gefühlen wie Zorn und Wut sowie Schmerz und Trauer, indem wir uns diese innere Arbeit »zumuten«, kann die kindliche Einsamkeit in uns dahinschmelzen, oder zumindest einen bewussten, akzeptierten Platz in unserer Person finden.

Gespräch mit Anna Barbara

Eine Frau Ende Dreißig. Die Kindheit liegt lange zurück. Inzwischen ist sie geschieden, hat zwei halbwüchsige Kinder, noch zu Hause, die sich mit Vehemenz abnabeln. Und sie geht seit Jahren ihren eigenen Weg, zu sich selber. Dazu gehört für sie, den eigenen Prägungen und mancherlei »Gewohnheiten« auf die Spur zu kommen. Sie ist eine durchaus ihres Selbst bewusst gewordene Frau, voller Aktivität, Sensibilität und mancherlei Interessen. Sie tanzt gern, meditativ und überhaupt, bildet ihre Stimme aus, macht Fortbildungen, um bald ihren Bürojob hinter sich lassen zu können zugunsten einer pädagogischen Tätigkeit.

Doch auf ihre Kindheit angesprochen, kann sie zwar mancherlei Erinnerungen erzählen, aber ihre Empfindungen damals benennen – das fällt ihr noch heute schwer. Es kommt mir vor, als lägen diese Gefühle in einem großen schwarzen Loch begraben. Aber auch, was nicht näher beschrieben werden kann, schmerzt noch heute.

Hier einige ihrer Äußerungen:

»Ich war das ersehnte Mädchen nach dem ersten Kind« (einem Jungen), »aber ich war trotzdem ein Nichts. Ich habe mir nichts zugetraut. Als Mädchen« (sie hatte drei Brüder) »sollte ich brav, lieb und schüchtern sein. Laut werden und ›Widerworte geben‹, das war ganz schlimm. Alles Wilde und Spontane ist mir früh ausgetrieben worden, meist einfach dadurch, dass ich ausgeschimpft wurde, aber noch mehr durch wortlose, strafende Blicke meiner Mutter und durch ihre ironischen, abwertenden Anmerkungen zu meinem Verhalten.

An Ängste kann ich mich nicht besinnen. Ich habe nie etwas von meinen kindlichen Kümmernissen erzählt. Aber ich hatte viele Schuldgefühle. Ich hatte eine Ersatzoma, die früh gestorben war. Wenn ich nicht lieb war, hieß es: Die Oma sieht es vom Himmel aus, wie böse du bist. Das war mir sehr peinlich. Und ich habe mich geschämt. Kritik äußern, das durfte ich nicht, selbst seufzen war nicht erlaubt. Schließlich habe ich die Luft angehalten – hab' falsch geatmet und litt später an einer Atemstörung.

Ich durfte nicht sein, wie ich war, ich war eigentlich gar nicht ›da‹, habe mich ganz in die Bücher, in meine Phantasie und ins Träumen zurückgezogen. Im Gymnasium hatte ich ausgesprochene Denkblockaden. Ich besinne mich an die entsetzliche Situation, als mir keine Antwort auf die Frage des Lehrers einfiel: »Wie lange dauerte der Dreißigjährige Krieg?« und alle in der Klasse sich vor Lachen bogen.

In der Schule hab ich mich immer für die Schwächeren eingesetzt – das war wohl meine Form des Widerstandes.

Einsamsein, das ist: nicht verstanden werden, nicht so akzeptiert werden, wie man ist, und das Empfinden zu haben, einfach anders als die anderen zu sein – trotzdem oder gerade deshalb etwas Besonderes sein und mehr als die anderen leisten zu müssen.«

Bernd

Die letzte Schulstunde ist zu Ende. Die Klassenkameraden stehen noch vor dem Schulhof, zögern wie üblich den Heimweg ein wenig hinaus, rauchen eine Zigarette, lassen Dampf ab über die Lehrer und den Unterricht, schäkern mit den Mädchen ein bisschen herum, blasen sich auf, fühlen sich stark – endlich! Bernd geht an ihnen vorbei mit einem flüchtigen »Tschüs, bis morgen«, hievt sein Fahrrad aus dem Ständer, hört im Aufschwung in den Sattel gerade noch: »Streber!« Das Wort hat er schon so oft gehört, und den verächtlichen Tonfall dabei, auch heute, dass er es gleich wieder vergisst.

Zuhause macht er sich das vorbereitete Essen warm, wie immer mittags allein, ein Buch neben dem Teller. Die Mutter kommt erst abends aus ihrer Behörde, der Vater ist mal wieder auf Dienstreise. Früher hat Bernd sich Geschwister gewünscht. Inzwischen wüsste er gar nicht, was er mit ihnen anfangen sollte. Bernd, geübt, sich selber genug zu sein, früh geübt, macht sich an die Schulaufgaben. Das ist notwendig und wird deshalb sofort erledigt. Dann hat er frei und kann sich in seine Lektüre vertiefen. Heute bleibt er im Wohnzimmer, macht es sich im Fernsehsessel bequem. Aber das TV bleibt stumm, den ganzen Nachmittag über. Bernd hat Antoine de Saint-Exupéry entdeckt. Den »Kleinen Prinzen«, ein Weihnachtsgeschenk, hat er längst ausgelesen, auch wenn er immer noch nicht verstanden hat, was es wohl heißen mag: mit dem Herzen sehen. Beim Antiquar hat er ein Büchlein gefunden: »Man sieht nur mit dem Herzen gut«, Auszüge aus Exupérys Werken. Vielleicht versteht er mehr, wenn er das liest.

Als er endlich eine Pause macht, Lesepause, Denkpause, die Hände hinter dem Kopf verschränkt, fällt ihm der Großvater ein. »Ich könnte eigentlich Alois mal wieder anrufen«. Der wollte sowieso längst wissen, was denn der Lehrer zu seinem letzten

Aufsatz gesagt habe. Besorgt gefragt. Großvater hatte seinen Eifer mitbekommen, dieses Mal – sonst rotzte Bernd die Themen nur so hin, wenn sie ihn nicht interessierten. Was Alois wohl zu Antoine de sagen würde?

Großvater hört zu, antwortet, gibt Sätze von sich, über die Bernd lange nachdenken muss. Mit ihm kann er reden. Und schweigen. Und wandern. Und Schach spielen. Heute ist Bernd nach Reden zumute.

An einem Satz von Saint-Exupéry ist Bernd hängen geblieben: »Ich habe nie verstanden, weshalb man den Zwang von der Freiheit unterscheidet. ... Was aber nennst du Freiheit, wenn es keine Straßen gibt, zwischen denen du wählen kannst? Nennst du Freiheit das Recht, im Leeren umherzuirren?«[2] Ja, manchmal hat er das Empfinden, im Leeren umherzuirren. Bernd 15 Jahre alt, Gymnasiast und ausgestattet mit der Freiheit, auf sich selbst gestellt sein zu müssen. Da hilft dann auch kein Buch. Aber Bernd hat gelernt abzuwarten. Bei einem der nächsten Philosophier-Abende, die Vater mit wenigen, ausgesuchten Freunden verbringt, alle vierzehn Tage hier unten im Wohnzimmer, da kann es geschehen, dass er Antwort auf eine fast schon vergessene Frage bekommt. Zufällig. Sie fällt ihm zu. Seit seinem 14. Geburtstag ist er bei diesen Treffen dabei. Und er wurde wie selbstverständlich mit hineingenommen in die Gespräche über »Gott und die Welt« und die alten Philosophen – von Plato bis Martin Buber beim letzten Treffen. Er hört aufmerksam und begierig zu, aber erschrickt, wenn er plötzlich angesprochen wird: »Und was meinst du dazu, junger Mann?« Er spürt die Achtung in der Frage, kann sich Zeit lassen mit seinen Worten, kann im Reden denken.

In der Schule muss er höllisch aufpassen, die Antwort zu finden, die vermutlich Dr. Schäfer erwartet. Das bringt ihn manchmal in Verzug oder er bleibt mitten im Satz stecken. Dann lacht die Klasse,

---

2 Antoine de Saint-Exupéry »Man sieht nur mit dem Herzen gut – Texte zum Nachdenken«, 1984, Herder, Freiburg, S.55

trommelt mit den Knöcheln auf ihr Pult – »Unserem Professor fällt nichts mehr ein!« Dann verstummen seine Gedanken und er setzt sich.

Nur Marlene springt ihm manchmal bei. »Ich könnte mir denken, dass Bernd sagen wollte …«, und dann sagt sie das, was er sagen wollte. Als er sich einmal mit ihr in der Pause verabreden wollte, waren sofort ein paar Sticheler zur Stelle: »Ist die jetzt deine neue Flamme?« Da ließ er es bleiben, sie zu fragen, ob sie nicht mal zusammen Kaffeetrinken gehen könnten. Er möchte nicht irgendwann gefragt werden: »Na, pennt ihr miteinander?« Eine richtige Freundin, das wäre zwar schön, aber – nein, er will sich Zeit lassen können, möchte erst herausfinden, wozu er eigentlich auf der Welt ist.

Erst kürzlich hat ihn Dr. Schäfer beim Zurückgeben des letzten Deutsch-Hausaufsatzes süffisant gefragt: »An welcher Stelle im Bücherregal Ihrer Eltern haben Sie, Exzellenz, das Buch gefunden, aus dem Sie abgeschrieben haben?« Bernd hat nur ein kurzes »Nirgends« geantwortet. Es ist doch sinnlos, dem Lehrer zu erklären, was er gerade liest, womit er sich beschäftigt, worüber er mit Großvater spricht und im Philosophier-Kreis debattiert. Auch als ihn Dr. Schäfer im Laufe des Vormittag mehrmals aufgerufen hat und um seine Meinung gefragt, hat Bernd ihn nur durchdringend angeblickt und hinter dessen vagem Lächeln die Skepsis zu spüren vermeint. Hoffnungslos vergeudete Energie, dem Lehrer mit mehr als zwei schulbuchgemäßen Sätzen zu antworten.

Bei Großvater ist das anders. Auch der kann ihn fragend anblicken, wenn Bernd mal wieder einen seiner zweifelnden Gedanken äußert. »Was du auch immer nur denkst!« pflegt die Mutter zu sagen – aber in Großvaters Blick spürt er die Aufmerksamkeit, vorbehaltlos.

Die Mutter ist erschöpft, wenn sie nach Hause kommt. Und am Wochenende steht Haushalt total an. Da geht er ihr lieber aus dem Weg. Und sie hat es aufgegeben, ihn zu fragen: »Wie war es in der Schule? Hat Doktor Schäfer mal wieder ...?« Oder ihn anzuregen: »Willst du nicht vielleicht mal ...?« Nein, meistens will er nicht, was sie meint, er solle es wollen! Wie vor Jahren, als sie ihn bedrängte, ob er nicht doch endlich ein Instrument lernen wolle. Sie scheiterte damals an seinem wortlosen Widerstand und war enttäuscht, umso mehr, da sie sich als Kind brennend gewünscht hatte, Geige spielen lernen zu dürfen.

Und der Junge ist doch so musikalisch! Das sagen alle! Stundenlang kann er in seinem Zimmer allein Musik hören, anfangs Mozart, später Brahms und Dvorak. Die Musik seiner Altersgenossen interessiert ihn nicht. Gestern erst hat die Mutter ihn gefragt: »Was war das denn? Kenne ich gar nicht.« »Nö, ist ja auch Penderecki«. Sie wird aus ihrem Sohn, seit er größer wird, nicht mehr schlau.

Der Vater? Der scheint stolz auf seinen Sohn zu sein. Aber Bernd wünscht sich eigentlich etwas anderes, etwas, was ihn selber meint. Ja, Respekt – nein, lieber Achtung. Das ist das Wort, das ihm bisher nicht einfallen wollte. Achtung. Beachtet werden. Gesehen werden. Und er wünscht sich, Vater möge ihn so anblicken wie Großvater Alois.

Als Bernd sich am Telefon mit ihm verabredet hat, für Sonntag, zum Schachspielen – »Und dann schauen wir mal«, ist es Zeit, das Abendessen vorzubereiten. Mit geübten Handgriffen hat er schon den Tisch in der Küche gedeckt, eine Suppe aus der Gefriertruhe warm gemacht, als die Mutter kommt. Müde um die Augen, wie immer. «Und wie war's heute?« fragt sie beim Essen. Aber Bernd spürt in ihrer Frage die innere Abwesenheit und antwortet mürrisch: »Och, nix Besonderes. Alles okay.« Dann schiebt er noch hinterher: »Und Sonntag treffe ich mich mit Großvater.«

Bernd geht hinauf in sein Zimmer, schließt die Tür hinter sich, stellt den CD-Player an, löscht das Deckenlicht, wirft sich aufs Bett, verschränkt die Arme hinter dem Kopf und überlässt sich den Tönen von Brahms Vierter Symphonie. Seine Gedanken verstummen. In ihm wird es ganz still. Auch das Wort »Streber« vom Vormittag kann nun endlich absinken. Er kennt es und kann sich doch nicht daran gewöhnen. Nein, es ist nicht das Wort. Ja, er strebt – wohin, weiß er selber noch nicht. Aber er möchte heraus aus den ständigen Wiederholungen, es ist doch immer das Gleiche! Besonders das Geplänkel in den Pausengesprächen. Die anderen meinen, er höre gar nicht zu. Aber das stimmt doch gar nicht! Er hört viel mehr als nur ihre Worte, hört, dass sie ihn nicht mögen. Mit Marlene wäre es vielleicht anders. Aber wie sich ihr nähern ohne gleich Spott und Häme zu ernten? Er weiß es nicht.

Ja, er weiß viel, den Schulstoff bewältigt er mit links – aber doch nur, um Zeit zu gewinnen für das, was ihn wirklich interessiert. Wer war dieser Antoine de mit dem seltsamen Namen? Und wer war Martin Buber? Was bedeutet das eigentlich: Jude sein? Und woher nahm der seine Gedanken, seine ungewöhnlichen Wortwendungen? »Todschattenschlucht«[3]. Faszinierend! Aber Bernd will mehr, will verstehen. Manchmal fühlt sich Bernd wie in einem schattenlosen, baumlosen Tal in der Wüste. Im Süden Israels. Dort kann einer verdursten. Oder in einer Felsspalte stecken bleiben. Und ihn würde sowieso niemand vermissen! Niemand!

Bernd räkelt sich vom Bett hoch. Verdammt! Heute ist alles grau und grässlich. So muss es wohl in der Todschattenschlucht sein.

Bernd stellt den Player ab, die Musik ist längst zu Ende, nimmt sich nochmals sein Buch vor, liest, bis ihm die Augen zufallen. Zieht sich aus, stellt den Wecker für morgen früh, legt seine Sachen für die Schule sorgfältig zurecht, löscht auch die kleine Lampe. Die Mutter ist sicherlich längst schlafen gegangen. Er hat

---

3 Martin Buber, »Das Buch der Preisungen«, Psalm 23, Hegner, Olten&Köln, S, 38

ihr rechtzeitig abgewöhnt, ihn noch spät am Abend mit »Gute-Nacht-Sagen« zu nerven.

Monate sind vergangen. Auch manches geplante Schachspiel und ungeplante Gespräch mit dem Großvater. Der Sommer ist in seiner Pracht voll ausgebrochen. Die Ferien stehen bevor. Aber jetzt kommt erst einmal die Klassenfahrt – in die Tiroler Alpen! Bernd freut sich. Er liebt das Hochgebirge. In den letzten Jahren hat der Großvater ihn in den Sommerferien auf seine großen Touren mitgenommen.

Bernd bleibt wie immer beobachtend und abseits von den anderen. Er hat sich mehrere Bücher eingepackt und vertieft sich in seine Lektüre, abends, wenn die anderen herumalbern oder ihre mitgebrachten CDs hören. Er kann hervorragend abschalten. Heute aber macht er früher Schluss. Morgen früh soll es auf eine lange Wanderung gehen.

Nach fünf Stunden Aufstieg, schweißtreibend, auch die lauten Mäuler sind ganz still geworden, und einer Pause auf der Almhütte, beginnt der Rückweg. Bernd bleibt am Ende der Gruppe. Auf diese Weise kann er die Landschaft ungehindert auf sich wirken lassen. Mehrmals mahnt ihn der Lehrer: »Nun mach schon!«. »Jaja, ich komme ja schon«.

Der Weg wird schmal. Links steigt steil der Felsen hoch, rechts geht der Weg fast nahtlos über in einen steilen Abhang, zunächst noch Grasnarbe, weiter unten ist nur Geröll zu sehen. Bernd hat sich der Gruppe angenähert und geht mit festem, sicherem Tritt, Schritt für Schritt, unter den Letzten.

Ein Stoß von hinten, Bernd stolpert, gleitet nach rechts, versucht sich zu halten, rutscht aber den Hang hinab, lässt sich auf den Rücken fallen und krallt sich beim Abwärtsgleiten mit beiden Händen rechts und links in den Boden ein. Aber der bietet ihm keinen Halt. Er rutscht auf die Geröllhalde zu. Kurz davor kann er gerade noch mit gespreizten Armen und Beinen den Sturz in den Abgrund aufhalten. Er atmet schwer. Und besinnt sich, was Großvater ihm früher einmal geraten hat, dreht sich ganz vorsichtig, fast bewegungslos auf die Seite, kommt auf die Füße, hievt sich auf allen Vieren im Zeitlupentempo den Hang hinauf. Er meint nur noch wenige Meter vom Weg entfernt zu sein, stemmt den Oberkörper ein wenig hoch und sieht fünf seiner Kameraden oben stehen.

Sie blicken gespannt zu ihm hin. Keiner sagt ein Wort. Sie schauen ihm aufmerksam zu. Er kann nichts in ihren Blicken erkennen. Keine Anteilnahme oder gar den Versuch zu helfen. Da verlässt ihn die letzte Kraft. Er lässt sich wieder sinken, bleibt auf der Grasnarbe liegen.

»Na, du Klugscheißer, komm schon! Das letzte Stück wirst du doch wohl schaffen, du kannst doch sonst alles!« Bernd hebt nicht einmal den Kopf. Er ist am Ende.

Da, eine andere Stimme, heller als die eben gehörte. »Mensch, siehst du nicht, dass er nicht mehr kann!« Ein Geraschel, als ob jemand seinen Rucksack ausstülpt und nach wenigen Minuten – Bernd erscheinen sie eine Ewigkeit lang, er hat jedes Zeitgefühl verloren – tänzelt das Ende eines schmalen Seils vor ihm und berührt seine Stirn. »Halt dich fest, ich zieh dich herauf!« Wieder die helle Stimme.

Zitternd vor Schwäche greift er zu, mit einer Hand, mit der anderen versucht er die Unebenheiten des Grasnarbenbodens zu fassen, um sich abzustützen. »Halt durch, gleich hast du es geschafft.« Schließlich liegt er auf dem Weg, bäuchlings, schwer atmend. Der ihn hochgezogen hat, Jonathan, der Jüngste in der Klasse, kniet sich neben ihn und hilft ihm auf, stützt ihn bei den ersten Schritten. Da, wieder die tiefe, kalte Stimme. Frank, der Klassensprecher. »Du hältst das Maul und erzählst nichts, sonst kannst du morgen was erleben!«

Endlich sind sie bei den anderen. Der Lehrer ist ihnen das letzte Wegstück schon entgegen gekommen: »Wo bleibt ihr denn?« – sieht Bernd – »wie siehst du denn aus?« »Och, ich bin nur ein bisschen hingefallen!« »Was ist denn passiert?« Aber Bernd schweigt.

An diesem Abend kann er sich nicht in sein Buch vertiefen, liegt nur auf dem Bett, mit geschlossenen Augen. Jonathan hat ihm geholfen, die Schürfwunden an den Armen zu waschen und notdürftig einzucremen. Er fällt in den Schlaf der Erschöpfung, kann sich am nächsten Morgen auch nicht an seine Träume besinnen, in denen er endlos den Hang hinuntergleitet, wieder und wieder. Und am Ende springt immer ein Steinchen hoch, grinst hämisch und kullert dann selber den Berg hinunter. »Na, du hast aber heute Nacht ganz schön krakeelt!« sagen die anderen am nächsten Morgen.

In den noch verbleibenden Tagen zieht sich Bernd völlig zurück, nimmt zwar an den Mahlzeiten teil, verharrt aber, über seinen Teller gebeugt im Schweigen. Die Lehrer sind das gewöhnt und fragen nicht weiter nach. Nur Jonathan kommt wie zufällig immer mal in seine Nähe, hält ihm mal einen Apfel hin, ein andermal eine Flasche Cola – Marlene blickt ihn jetzt öfters an, besorgt, fragend, das kann er wahrnehmen, aber er spricht kein Wort mit ihr. Die Clique um Frank blendet er aus.

Vor der letzten Wanderung schützt er starke Kopfschmerzen vor und bittet, in der Jugendherberge bleiben zu dürfen.

Am Rückreisetag abends wieder zu Hause, geht er sofort in sein Zimmer, wirft sich aufs Bett, packt nichts aus, nein, er habe keinen Hunger. »Später Mutter, jetzt muss ich schlafen.«

Die Mutter findet auch in den kommenden Tagen keinen Zugang zu ihrem Sohn. Sie bittet ihren Mann, doch mal nachzufragen, aber auch ihm gegenüber belässt es Bernd bei wenigen wortkargen Äußerungen, erzählt nichts, auch nicht begeistert von den Wanderungen – wie sonst nach Aufenthalten im Gebirge. Die Eltern sind beunruhigt, sie werden nachdenklich. Aber hoffen noch auf den Großvater, jetzt in den Ferien, vielleicht ....

Als die beiden nach einer Woche Ostsee zurückkommen, Bernd

wollte diesmal seltsamerweise nicht ins Gebirge, da erscheint es den Eltern, als ob ihr Sohn jünger geworden wäre. Er hat einen offeneren Blick.

Noch am gleichen Tag verabredet sich Bernd mit Jonathan zum Fußballspielen – nicht mit Großvater Alois zum Schach wie so häufig. Als er gegangen ist, lässt sich Alois in die Sofaecke fallen und fordert Sohn und Schwiegertochter auf, sich zu ihm zu setzen. »Bernd hat mir erzählt, was ihn verstört hat – was ihm überhaupt in der Schule so zu schaffen macht. Ich habe ihm versprochen, Stillschweigen darüber zu bewahren, und mein Versprechen halte ich. Das bin ich Bernd schuldig. Aber es gibt nur eine Lösung, wenn es dem Jungen in Zukunft besser gehen und er aus seiner Isolation herausfinden soll: meldet ihn auf einer anderen Schule an. Ich habe mich schon erkundigt, die Freie Schule würde ihn nehmen. Der Weg ist nicht sehr weit von euch, er kann mit dem Rad hinfahren. Er möchte es selber. Ich habe das alles mit ihm besprochen.«

Die Mutter blickt erstaunt, verlegen, weiß nicht, was sie denken und sagen soll, der Vater braust zunächst auf. »Ach, das sind alles nur pubertäre Mätzchen. Er muss doch …«. Der Großvater unterbricht, so harsch hat der Vater ihn selten erlebt. »Du irrst dich, mein Lieber! Wenn dir dein Kind lieb ist, tue, was ich vorschlage, frag Bernd aber nicht weiter aus.«

Bernd kommt spät, müde, verschwitzt, anscheinend zufrieden nach Hause, stürzt auf das bereit gestellte Abendbrot, zieht sich nicht wie sonst gleich in sein Zimmer zurück, sondern bleibt in der Familienrunde im Wohnzimmer hocken, verabschiedet sich endlich, gibt den Eltern sogar einen flüchtigen Kuss, dem Großvater haut er kräftig auf die Schulter. »Halt dich gut, Alter!« – und geht.

An diesem Abend lässt Bernd seine Tür einen Spalt offen, ehe er sich ins Bett legt und die Lampe löscht.

Hinter der Schutzmauer

Ein Briefwechsel

mit Birgit, 19 Jahre, Gymnasiastin. Vor wenigen Jahren zog die Familie aus ihrer Heimatstadt fort, in eine Großstadt – damit war automatisch ein Schulwechsel verbunden.

Liebe Benita,

Mama hat mir erzählt, dass du ein Buch über Einsamkeit schreibst und gerne meine Meinung zu diesem Thema hättest.

In gewisser Weise bin ich ein einsamer Mensch. Ich habe wenige Freunde und habe Probleme, Jugendliche in meinem Alter zu verstehen. Seit ich als Sechszehnjährige in der Realschule auf übelste Weise gehänselt und runtergemacht wurde, baue ich eine Schutzmauer um mich herum auf. Eine Schutzmauer bedeutet einerseits, dass es nicht so einfach ist, einem weh zu tun, andererseits aber auch Einsamkeit, weil man sich abkapselt. Mir fällt es schwer, anderen Vertrauen entgegen zu bringen und nicht, wie bei mir eigentlich meistens, Misstrauen. Es ist mir oft gar nicht bewusst, aber es gibt eine klare Trennlinie, und die kann und darf niemand übertreten. Diese Trennlinie existiert nicht gegenüber meiner Familie, die mich so akzeptiert und gar nicht erst versucht, mich zu verändern. Tieren gegenüber gibt es bei mir auch keine Hemmungen. Sie können mich nicht so verraten, wie Menschen es können.

Seltsamerweise habe ich noch Kontakt zu der Person, die mit an der Fertigmach-Nummer in meiner Schule beteiligt war. Wir waren sogar einige Zeit gut befreundet. Leider ist der Kontakt im Moment eingeschlafen. Nur mit der Hauptperson oder Drahtzieherin habe ich keinen Kontakt mehr und will ihn auch nie. Sie hat noch nicht einmal ihren Realschulabschluss geschafft und hat jetzt schon ein Kind. Im Gegensatz zu ihr habe ich Perspektiven und eine Zukunft. Sie kann einem leid tun.

Hass empfinde ich gegenüber niemandem mehr. Damals war ich das Opfer, aber wäre nicht ich das gewesen, sondern jemand anderes – hätte ich gehandelt? Ich kann mir diese Frage selbst nicht beantworten. Ich weiß nur, dass Einsamkeit immer oder in den meisten Fällen selbst gewählt ist und man nur mit Akzeptanz etwas gegen sie ausrichten kann. Man muss sich selbst so akzeptieren und vielleicht irgendwann langsam anfangen, diesen Schutzwall Stein für Stein abzubauen. Ich möchte diesen Schutzwall ein wenig verkleinern und Raum für andere Dinge lassen. Ganz traue ich mich noch nicht, ihn abzulegen, denn Schutz und Sicherheit bietet mir diese Mauer.

Ich hoffe, meine Erfahrungen helfen dir vielleicht bei deinem Buch, und ich konnte dir ein bisschen weiterhelfen.

Alles Liebe und viel Erfolg und viele liebe Grüße Birgit

Liebe Birgit,
nun endlich eine Antwort auf deinen Brief! Ich habe mich sehr darüber gefreut und hatte gar nicht damit gerechnet! Also ich finde, du bist absolut kompetent, zu dem Thema etwas zu sagen! Ich empfinde deine Äußerungen als sehr ehrlich und authentisch – und ich würde sie am liebsten noch vertiefen!

Mich hat berührt, was du von der notwendigen Schutzmauer um dich herum schreibst, und auch, dass du hoffst (und es dir auch offenbar wünschst), dass diese im Laufe der Zeit dünner wird. Ich wünsche Dir ganz doll die eine oder den anderen guten Freund/ Freundin, die dir »zuwachsen« – und du zu ihnen hin.

Berührt hat mich auch, dass du dich in deiner Familie akzeptiert fühlst.

Darf ich dir noch ein paar Fragen stellen? Nun, du kannst darauf antworten, was mich freuen würde, aber wenn es dir lästig oder zu persönlich ist, lass es einfach. …

So, Schluss für heute! Lass dich ganz herzlich grüßen von Benita

Liebe Benita,
vielen Dank für Deinen Brief. Deine Fragen beantworte ich sehr gerne. Ich fange am besten der Reihe nach an.

> *Wie fühlst du dich hinter deiner Schutzmauer? Wie kannst du die anderen und die »Welt« von dort aus, im Schutze der Mauer, wahrnehmen?*

Einerseits fühle ich mich dahinter recht wohl. Mir kann dort im Grunde niemand etwas antun. Andererseits vermisse ich manches, z.B. mit anderen zusammen befreit lachen können – Vertrauen empfinden – menschliche Nähe.

Die »Welt draußen« nehme ich sehr distanziert wahr. Sie betrifft mich größtenteils nicht. Ich bin nicht übermäßig engagiert in der Schule. Im Grunde genommen ist sie mir egal. Tratsch und Klatsch interessieren mich nicht, und mein Privatleben geht sowieso niemanden dort etwas an. Ich habe meine eigene Welt im Kopf. Oft weiß ich das Datum des Tages nicht, oder wann die nächste Klausur ansteht, usw.

Selten erreicht mich etwas hinter meiner Mauer. Was mich erreicht, ist Leid, das Lebewesen zugefügt wird, die sich nicht wehren können; egal, ob Mensch oder Tier. Das regt mich auf. Aber auch Politiker, die ihre Macht missbrauchen oder im Moment gerade Herr xxx, der wegen des Wahlkampfes alles über einen Kamm schert.

Grob unterteile ich meine Welt in drei Teile:

Meine »Kopfwelt«, die »Schulwelt« und die Politik in der Gesellschaft.

> *Was hätte mehr Raum, wenn du die Mauer Stein für Steinchen abbauen könntest?*

… mehr Freunde, mehr Selbstbewusstsein – »ich bin genau richtig – seht mal alle her!« – Offenheit gegenüber anderen und nicht immer gleich das Schlechteste denken.

Hat das eine Zeit gebraucht, ehe du nach dieser »Attacke« damals keinen Hass oder Groll oder … empfunden hast? Und was hat dir dabei geholfen, den zu überwinden?

Das ist eine sehr schwierige Frage! Damals habe ich zwar gedacht, dass ich keinen Hass und Groll empfinde, aber im Nachhinein bin ich mir nicht mehr so sicher. Ich wollte mit niemand mehr etwas zu tun haben. Ich war lieber alleine. Aber Hass habe ich, glaube ich, nicht gespürt. Ich war nur sehr, sehr enttäuscht von der Welt und den Menschen. Sie waren alle so oberflächlich und mussten »cool« sein. Ich mochte die Menschen insgesamt (außer meiner Familie) nicht mehr. Gegen die »Hauptdrahtzieherin« spürte ich einerseits Abneigung, Verachtung, andererseits aber auch eine Art Neugier. Ich wollte wissen Warum.

Die Abneigung gegen meine Mitschüler habe ich durch das »Miteinanderklarkommenmüssen« überwunden. Natürlich war den Lehrern aufgefallen, dass ich immer alleine herumstand und gelesen habe. Es kamen immer häufiger Fragen zu meinem Verhalten usw. und ich wollte diesen lästigen Fragen aus dem Wege gehen. Ich stand also zum Schein wieder mit den anderen zusammen.

Langsam merkte ich, dass ich ja alle anderen »gleichgeschaltet« hatte. Die »anderen« sind unterschiedliche Persönlichkeiten, genauso wie ich auch eine bin. Geöffnet habe ich mich aber nicht. Doch genauso wie ich akzeptiert werden wollte, musste ich zwangsläufig meine Mitschüler auch akzeptieren.

Allerdings bleibt zu sagen, dass ich manchmal Mädchen begegne, die der »Drahtzieherin« ähnlich sehen, und gegen die empfinde ich sofort eine Abneigung. Die Augen der »Drahtzieherin« sind mir besonders im Gedächtnis geblieben.

Was mir auch bei der »Überwindung« geholfen hat,? Wie gesagt, so ganz genau kann ich dir leider diese Frage nicht beantworten. Wenn du mich vor ein paar Jahren gefragt hättest, hättest du sicherlich andere Antworten bekommen.

Wie sah konkret die Hänselei aus? Warum?

So genau erinnere ich mich leider nicht mehr. Aber an was ich mich noch erinnere ist z.B. »Uschi = Muschi« (mein zweiter Name war Ursel) oder Bemerkungen über meine Schamhaare und ähnliches. Es war ziemlich unter der Gürtelebene!

Das war aber nur eine Seite. Hänselei äußert sich nicht nur über Beleidigungen, sondern auch über demonstratives Ausschließen. Immer die Letzte sein, die in eine Gruppe gewählt wurde oder überlegen müssen, wo man sich im Schulbus hinsetzen kann, damit möglichst nicht auffällt, dass man links liegen gelassen wird.

Die Frage nach dem »Warum« ist schwer zu beantworten. Ich glaube, da gab es verschiedene Gründe. Zum einen war ich eine sehr gute Schülerin, hatte tolle Eltern (die nicht geschieden waren) und war ein leichtes Opfer. Leichtes Opfer heißt, dass ich schon immer ruhig war und keine besonders engen Freunde hatte. Vielleicht wollte man mich provozieren, andere Gefühle sehen; sehen, dass bei mir auch nicht alles so perfekt ist, wie es vielleicht auf Außenstehende gewirkt haben mag.

Gab es einige in der Klasse, die nicht mitgemacht haben und die zu dir gehalten haben?

Nein! Niemand!

Unter »Mitmachen« verstehe ich auch schweigend zusehen, oder aus Angst, auch geärgert zu werden, seinen Stuhl wegrücken. Es gab niemand, der etwas gesagt oder getan hat. Alle haben die »Drahtzieherin« unterstützt. So wurde eine solche Hänselei überhaupt erst möglich.

Liebe Birgit,
ich danke dir sehr für deine ausführliche Antwort, und ich kann wiederum nur sagen: was du schreibst, hat mich berührt und nachdenklich gemacht.

Einige Fragen kamen mir aber noch in den Sinn. Darf ich sie dir nochmals stellen? ...

Liebe Benita,
es tut mir leid, dass du auf eine Antwort solange warten musstest! Ich habe meine E-Mails nicht gecheckt, weil ich so sehr mit meinen Klausuren, die leider nicht alle gut gelaufen sind, und meinem Abitur beschäftigt war. Als aller erstes die Antworten auf deine letzten Fragen:

> *Haben damals die Lehrerinnen nicht mitgekommen, was da zwischen euch in der Klasse ablief? Und als sie dann später fragten – hast du ihnen nichts erzählt. Weshalb?*

Nach einiger Zeit haben die Lehrer natürlich bemerkt, was in der Klasse abgelaufen ist. Ich weiß noch, dass meine damalige Klassenlehrerin mich darauf angesprochen hat und mir ihre Hilfe angeboten hat. Sie hat auch mit meiner Mutter gesprochen und war sehr engagiert. Aber was vielen Menschen nicht bewusst ist, ist die Tatsache, dass einem in solcher Situation (also wenn die gesamte Klasse mitmacht) niemand mehr helfen kann. Man kann dieser Situation nicht entkommen; außer man entscheidet sich für einen Schulwechsel. Das klingt jetzt sehr hart, aber es ist so. Wenn es einmal angefangen hat, ist das Hänseln wie ein Selbstläufer.

Die Frage nach dem »Warum ein Selbstläufer?« lässt sich leider nicht so einfach beantworten. Ich glaube es hängt mit dem Gefühl zusammen, Macht zu haben. Man kompensiert durch so eine Situation sein Selbstwertgefühl, seinen Frust usw. Man kontrolliert andere bzw. die Klasse.

Das war ein Grund, warum ich nicht mit Lehrern darüber gesprochen habe. Der andere Grund war mein Stolz. Mir war bewusst, dass die Situation mich fertig machte, aber ich wollte nicht, dass die anderen das je erfahren sollten. Es wäre für mich einer Niederlage gleichgekommen. Ich habe auf die Hänseleien mit scheinbarer Gefühlskälte reagiert; ich habe so getan als würde es mir nichts ausmachen. Wäre ich zu einer Lehrerin gegangen, hätte ich zugeben müssen, dass es mir etwas ausmacht.

Was war an der »Drahtzieherin« so faszinierend, dass alle zu ihr hielten?

Sie war überhaupt keine »faszinierende Person«.

Und was die anderen bewogen hat, mitzumachen, war die Angst, selber gehänselt zu werden.

Wie ging es dir danach, damals?

Ich war verzweifelt, enttäuscht und vereinsamt. Ich war gekränkt, in meiner Privatsphäre verletzt und sehr verunsichert. Nach der Schule saß ich immer heulend in der Küche und danach in meinem Zimmer. Auch wenn sich das jetzt übertrieben anhört. Aber Worte können das gar nicht beschreiben.

Ich bin verraten und verkauft worden, damit andere sich schützen und ihr Image aufbessern konnten.

Kannst du dich noch an deine ersten Empfindungen damals danach besinnen? Was hättest du am liebsten getan – oder nicht getan?

Über so etwas habe ich gar nicht nachgedacht.

Ich wollte nur weg!

Viele liebe Grüße Birgit

Wie viele solcher »andersartigen« Jugendlichen mögen sich in unseren »Schullandschaften« abmühen – die nicht so gesehen werden, wie sie wirklich sind und missverstanden von den Lehrern, von den Gleichaltrigen verspottet und verachtet, weil sie denen fremd bleiben. Und sie selber vermögen es ohne handfeste Hilfe nicht, sich allein aus dem Image heraus zu arbeiten, das ihnen nicht entspricht.

Sätze wie: »Das ist nur die Pubertät«, »Das wächst sich aus«, »Sie/er muss sich nur mehr um die anderen bemühen«, sind hilflose Vertröstungen der Erwachsenen.

Birgit hatte sich bemüht!

Bernd und Birgit ist es gemeinsam, dass sie sich verschließen, auch sich nicht den (ratlosen) Nachfragen der Lehrer öffnen. Die Scham ist größer. Eine Scham, die tiefer sitzt und stärker ist als es jemals Schuldgefühle sein könnten.

Scheinbar ein Widerspruch: Eigentlich müssten ja die »Täter« sich schämen. Stattdessen füllt Scham – in der Regel gar nicht als solche gefühlt und benannt – den inneren Raum der »Opfer« aus. Ein natürlicher Widerstand kann nicht stattfinden.

Ich deute den Rückzug Bernds und sein Schweigen wie auch Birgits Verhalten nach der »Attacke« nicht als kalkulierte Vorsicht, um »Schlimmeres« zu verhüten, (wie es Bernd vom Klassensprecher angedroht wird), sondern ich sehe darin schlicht einen Ausdruck der Scham. Beide werden an ihrem empfindlichsten Punkt getroffen und verletzt, nämlich an ihrem Bedürfnis, dazu gehören zu wollen.

Jugendliche in diesem Alter befinden sich in einer Phase der (Neu-) Orientierung. Sie suchen den Kontakt zu den Gleichaltrigen mehr als zu den Erwachsenen. Ihr Selbst–Bewusstsein möchte sich erst entwickeln, ihr Mut zum Anders-Sein ist noch gering.

Die Gleichaltrigen in solchen Beziehungen als »Schuldige« zu stigmatisieren, führt nicht weiter. Sie sind selber noch Ich- schwache Persönlichkeiten, fühlen sich angewiesen auf die Duldung der »Starken«, der »Drahtzieher«. Wie viel Einsamkeit mögen im Grunde gerade diejenigen Jugendlichen in sich verbergen, die in der Clique mitschwimmen.

Überhaupt führt es nicht weiter, einer bestimmten Bezugsgruppe die »Schuld« allein zuzuweisen – weder den Jugendlichen der Clique, noch den Lehrern, noch den Eltern.

Sicherlich: Die Eltern von Bernd und Birgit haben in der Familie ein Klima geschaffen, das der Vereinzelung Vorschub leisten kann. Bernds Eltern sind eigentlich abwesend. Birgit ist aufgewachsen mit zwei introvertierten Erwachsenen und einer kleinen, schüchternen Schwester.

Jugendliche sind bei ihrer Suche nach sich selbst, nach der eigenen Gestalt solchen Prädispositionen ausgeliefert. Zunächst ausgeliefert sind sie aber zugleich herausgefordert, gerade durch ihre pubertäre Krise hindurch ihren eigenen Weg zu finden. Noch haben sie einen begrenzten Handlungsspielraum, noch erfüllt sie ein oft sehr geringes Selbst-Bewusstsein, um neue und tragfähige, außerfamiliäre Beziehungen aufbauen zu können.

Bernd und Birgit haben längst ihre bewährten Verhaltensmuster entwickelt, – automatisch und unreflektiert –, um mit ihrem Besonderssein umzugehen. Sie suchen zugleich aber neue Muster. Sie brauchen Vorbilder. Sie brauchen Menschen, die ihnen Achtung und Respekt vermitteln, die ihnen zuhören – auch ihrem Schweigen.

Birgit hat für sich die Lösung gefunden, nach außen unauffällig und einigermaßen angepasst zu erscheinen, aber nach innen sich in ihre »Kopfwelt« zurückzuziehen – eine ganz andere als die reale Welt, in der sie lebt. Sie erscheint mir heute, Jahre später, noch tief verletzt. Auch wenn sie ihren Stolz wiedergefunden hat (» ... Im Gegensatz zu ihr habe ich Perspektiven und eine Zukunft. Sie kann einem leid tun.«), auch wenn sie versucht, die anderen als andersartig gelten zu lassen und nicht »gleichzuschalten« (» ... doch genauso wie ich akzeptiert werden wollte, musste ich zwangsläufig meine Mitschüler auch akzeptieren«.)

Birgit lebt in einem engen Familiengebilde, in dem sie sich akzeptiert fühlt, auch unhinterfragt. Darüber hinaus hat sie ihre Solidarität mit den Schwachen und Wehrlosen entdeckt.

Bernd, jünger als Birgit zur Zeit unseres Briefwechsels, entwickelt eine Kraft – zunächst rein körperlich – die er dem Einfluss des Großvaters verdankt. Wie gut, wenn Jugendliche einen solchen Großvater haben! Und vielleicht nicht alltäglich. Jedoch wird Bernd in der neuen Schule noch heilende Erfahrungen machen müssen. Unterstützt und gefördert in einer schulischen Umgebung, die die Besonderheiten eines jeden Einzelnen fördert, nicht nur die Stärken, wird er neue Erfahrungen brauchen, die ihm vermitteln: du bist gesehen, so wie du bist. Und so wie du bist, bist du okay – mit deinen ungewöhnlichen Begabungen und Interessen.

Und doch ist der Schulwechsel, den der Großvater als Lösung anbietet, der für Birgit durch die familiären Veränderungen möglich wurde, nur erst die »halbe Miete«! Sicherlich werden noch viele Schritte nötig sein, ehe Jugendliche wie Bernd – oder Birgit – hinter ihrer Schutzmauer hervorkommen und eine Tür nach draußen finden.

Ob es Bernd gelingen wird, aus der glänzenden geistigen Isolation herauszufinden? Ob es Birgit gelingen wird, Freude auch an den schlichteren Seiten des Lebens zu finden? Ob es Lehrern, Mitschülern und nicht zuletzt den Eltern gelingen wird, Zugang zu dem Innersten ihrer Kinder zu finden und Vertrauen in andere Menschen und nicht zuletzt Vertrauen in sich selber zu wecken?

Die Fragen bleiben. Und sie können nur unseren, der sogenannten Erwachsenen, Blick schärfen für die oft verzweifelten Mühen und einsamen Nöte der Heranwachsenden – ehe sie in pathologisches oder gar kriminelles oder auch nur skurriles Verhalten abdriften.

Und es ist an uns Erwachsenen, den jungen Menschen mehr bieten zu wollen als nur Durchsetzungsvermögen und Erfolg in einer profitorientierten Gesellschaft. Jugendliche stellen uns vor die Aufgabe, immer wieder aufs Neue mit ihnen gemeinsam nach dem Sinn unseres Lebens zu suchen, nach dem, »was die Welt zusammenhält«.

Cella

Eigentlich hieß sie Caecilia, aber sie hatte diesen Namen nie gemocht. Das Cillie der Kindertage, von Freundinnen und Geschwistern gebraucht – die Mutter blieb konsequent beim puristischen Caecilia, wobei sie jede Silbe gleichmäßig betonte – vertauschte sie an ihrem 18. Geburtstag mit Cella. Sie wolle fortan selbst bestimmen, wer sie sei. Sie ließ Cella ihrem Geburtsnamen hinzufügen und amtlich absegnen. Dass sie ihre Mutter mit diesem Schritt brüskieren würde, war ihr nur recht.

Cella war die Drittgeborene, nach ihr komplettierten noch zwei Geschwister die Familie. Sie fühlte sich weder den ›Großen‹ noch den beiden ›Kleinen‹ zugehörig und ging ihre eigenen, manchmal sonderbaren Wege, vertiefte sich schon als Siebenjährige in ihre Kinderbücher und ließ sich nicht locken durch noch so attraktive Spielangebote der älteren Brüder, die gern bei ihren Kameraden mit der grazilen, schwarzäugigen und langhaarigen Cillie Eindruck erwecken wollten. Ihr Zusammentreffen mit gleichaltrigen Kindern glich eher einer unglücklichen Liebe. Sie fand keinen Gefallen an Klettergerüsten, Ballspielen und Wettrennen mit dem Fahrrad, stand am Rand des Spielplatzes und schaute den anderen zu, bis ihr eines Tages der Reim entgegen schwappte: »Cillie, Cillie, niemand will sie.« Da zog sie sich völlig zurück. Und wenn die Mutter mahnte: »Kind, geh doch nach draußen spielen«, verschwand sie in ihrem Zimmer und kam mit hochroten Backen vom Lesen zum Abendbrot. Keiner in der Familie nahm sie recht wahr. Sie störte ja den normalen Ablauf nicht.

Auch in den folgenden Jahren las Cillie viel, zunächst Märchen, dann aus Vaters Bücherschrank die Sagen und Mythen der Völker, schließlich berauschte sie sich an Shakespeares Dramen, auch wenn ihr etliche Sprachwendungen unverständlich blieben. Sie lernte in der Schule hartnäckig, übersprang zweimal ein

Schuljahr und legte schon mit Siebzehn das Abitur ab. In den Klassengemeinschaften stand sie am Rand. Aber das störe sie nicht, betonte sie.

Ihre Lieblingsautoren, seit der Pubertät Virginia Woolf und Marcel Proust, mussten neuerdings hinter Hermann Hesse, einigen ausgewählten Novellen von Thomas Mann und den Geschichten von Kahil Gibran zurückstehen. Bei der Lektüre eines neuen Buches konnte sie Verabredungen und Aufgaben völlig vergessen.

Sie begann ein Studium der Germanistik und Romanistik, der Tradition ihres Studienrat-Vaters folgend, wechselte aber zur Vergleichenden Literaturwissenschaft und zur Archäologie, wobei sie es tunlich vermied, sich an irgendwelcher studentischen Feld-Projektarbeit zu beteiligen. Besonders ihre männlichen Professoren schätzten ihre klaren, bisweilen spitzfindigen Argumentationen und ihre Fähigkeit, wie aus der Vogelperspektive historisches Geschehen zu betrachten, ermutigten sie, die universitäre Laufbahn zu beschreiten und prophezeiten ihr eine glänzende Karriere.

Cella verstand es, nicht nur mit Worten und Gedanken zu brillieren, sondern auch, ihre Kleidung, ihr Make-up und gesamtes Äußere wie absichtslos und dezent-geschmackvoll herzurichten. Sie fand schon früh Verehrer, aber verschreckte sie jedes Mal von neuem durch ihre zwar klugen, aber oft beißend spöttischen Anmerkungen zu deren doch mehr alltäglichen Ambitionen.

An ihre Kindheit hatte sie wenig Erinnerungen. Sie staunte, was die Geschwister oder auch die Mutter noch wussten und ihr bei passender, öfters unpassender Gelegenheit erzählten. Eigentlich wollte sie gar nichts davon wissen. Ihr ältester Bruder ließ nicht locker, ihr eine der Geschichten bei den obligatorischen Familienzusammenkünften immer wieder zu erzählen, in der Hoffnung, dass sie sich erinnern möge. Sie erinnerte sich nicht, wie sie sich als Sechsjährige am Weihnachtsnachmittag allein Stiefel und Mantel angezogen hatte, unbemerkt in den verschneiten Garten hinaus geschlüpft war, sich durch den Zaun hindurch auf die Koppel gewunden und erst spät am Abend gefunden wurde, im Stall bei den Pferden. Sie hatte sich in einem Nest aus Heu eingekuschelt, wollte dort übernachten, um den Engelgesang um Mitternacht erleben zu können. Sie weinte, als sie vom Bruder gefunden, vom Vater, über seine Schulter geworfen ins Haus getragen wurde und war nicht zu beruhigen oder gar zu trösten im kerzenerleuchteten Wohnzimmer. Sie habe sich schließlich unter dem großen Weihnachtsbaum verkrochen, zurecht gerollt und sei eingeschlafen.

Eigentlich hatte sie keine Freundinnen und Freunde, sondern nur Verehrer und Bewunderinnen. Was sie wirklich bewegte, was sie kränkte oder begeisterte, das teilte sie mit niemand. Auch nicht mit Manfred, ihrem Mann. Sie heiratete früh und unvermutet, gerade einundzwanzig Jahre alt geworden. Was sie an ihm fasziniert habe, konnte sie später nicht mehr sagen. Sie habe immer ein Bild in sich getragen, ein Abbild der vollkommenen Liebe, die den anderen bedingungslos akzeptiere und das Herz höher schwingen lasse, wenn man den Geliebten nur anschauen würde. Eine totale Verschmelzung, in der Banalitäten wie kochen, putzen, aufräumen oder gar sich streiten keine Rolle spielen würden. Manfred sei fünfzehn Jahre älter als sie und aus dem Gröbsten heraus, wie sie ihrer erstaunten Mutter in ihrem üblichen, belanglos-ironischen Tonfall erläuterte.

Für kurze Zeit verließ Cella ihren inneren Beobachterposten. Sie teilte mit Manfred ihr Faible für experimentelle Theateraufführungen, für serielle und minimalistische Musik. Mit ihm, einem erfolgversprechenden Theaterschriftsteller, konnte sie tage- und manchmal nächtelang diskutieren und philosophieren. Er dafür glänzte gern mit seiner jungen, aparten Frau in der Öffentlichkeit.

Nach einem Jahr brach Cella ihr Studium ab, um sich ganz der schriftstellerischen Arbeit ihres Mannes als Gehilfin zu verdingen, wie sie auf entsprechende Nachfragen hin betonte und dem nichts weiter hinzu zu fügen hatte.

Manfred behandelte sie respektvoll, wie sie befand und nur manchmal ein wenig gönnerhaft. Eigentlich kamen sie gut miteinander aus. Als sie durch Zufall eines Tages erfuhr, dass er von Anfang ihrer Ehe an eine Nebenbeziehung unterhielt zu einer seiner Kolleginnen, nur in den allerersten Honigmonaten auf Eis gelegt, da stellte sie ihn erst gar nicht zur Rede, ließ es zu keiner Erklärung kommen, ersparte sich und ihm alle ihre Vorwürfe und suchte sich sofort ein kleines Apartment in der Innenstadt. Auch als Manfred ihr in einem langen Brief versicherte, dass er diese Beziehung beenden würde, wenn sie weiter mit ihm zusammenleben wolle, ließ sie es zu keiner Begegnung oder gar Aussprache kommen.

Nach der Scheidung fand sie durch Vermittlung einer ihrer Bewunderinnen aus der Studentinnenzeit einen Job als Reiseleiterin, war die Hälfte des Jahres unterwegs, wurde von ihren Freunden beneidet, aber hielt sich nur durch ihre eingeübte Beobachterfähigkeit über Wasser. Sie verachtete ihre Klientel.

In ihrer Ehe hatte sie eigentlich Schutz gesucht vor den Herausforderungen und Aufgaben des Lebens, die sie ungefiltert erlebte, wie mit allen Poren der Haut aufgenommen. Nun litt sie mehr denn je beim Zusammensein mit vertrauten Menschen und flüchtigen Bekanntschaften unter deren Lebens-Verletzungen und alltäglichen Enttäuschungen, selbst wenn sie gerade »ganz gut drauf« waren, wie sie meinten. Cella nahm die Unbewusstheit und Dumpfheit ihrer Mitmenschen wahr, war zugleich wie süchtig danach, saß im Café am Markt, um ihrer Lieblingsbeschäftigung zu frönen: Leute beobachten und sich Geschichten über sie ausdenken, hielt es aber nach einer Stunde schon nicht mehr aus. Wenn dann auf dem Heimweg auch noch ein Bettler am Straßenrand saß mit seiner unübersehbaren Elendsgeste, schweigend aber voller unausgesprochener Vorwürfe den »anderen« gegenüber, dann war ihr der Tag endgültig verdorben. Zuhause ließ sie die Jalousien herunter, legte eine CD ein, auf Wiederholung gestellt und konnte nicht einmal den Betrachtungen ihrer geliebten Virginia Woolf lesend lauschen. Sie litt immer häufiger unter Alpträumen.

> Ein dunkler Himmel, auf den sie zufliegt, allein, nur mit der Kraft ihrer Arm- und Beinbewegungen. Sie hat guten Auftrieb, bis plötzlich das Stürzen beginnt, immer schneller, sie wartet schon auf den Aufprall, aber der Boden entfernt sich immer weiter von ihr fort, sie fällt, fällt ins Bodenlose.

Sie wacht mit Herzklopfen auf und dem immer gleichen Empfinden, hauchdünn wie ein Pergamentpapier zu sein, kurz vor dem Zerreißen.

Auf einer ihrer Reisen nach Fernost bleibt sie in Indien, kündigt kurzfristig ihren Job und reist durch das Land, verharrt in einem europäisch orientierten Ashram. Schließlich nach Deutschland zurückgekehrt, beschäftigt sie sich mit der Philosophie des Buddhismus, reduziert ihren Hausstand auf das Nötigste, bringt ihre extravagante Garderobe in den Secondhand-Laden, verkauft den größten Teil ihrer Bücher auf Trödelmärkten und beim Antiquar. Sie lebt fortan spartanisch, um ihre Ersparnisse so lang wie möglich zu strecken, geht nicht mehr aus, auch nicht ins Café, verabredet sich kaum noch, allenfalls mal mit einem lover für ein oder zwei Nächte, geht aber anschließend tagelang nicht ans Telefon.

Sie fährt oft an das Meer, mietet sich in einem winzigen Zimmer ein, meditiert, liest viel wie immer, aber ganz anderes als früher. Die Fragen nach dem Sinn alles Geschehens, nach Woher und Wozu und Wohin, auch des eigenen Lebens lassen sie nicht mehr los. Sie macht lange Wanderungen, am liebsten in die

Dämmerung hinein, sitzt am Rand der Dünen, bis sich auch die Möwen zurückgezogen haben. Eines windstillen Abends auf dem leeren Strand versucht sie vergeblich, meditierend das Tor zu durchschreiten. Auch die Wellen schweigen. Da spürt sie in sich das Fallen, spürt es mit offenen Augen und wachen Sinnen. Sie konzentriert sich gehorsam auf ihren Atem, aber kann ihn nicht spüren, kein Heben und Senken, kein Ein und Aus, nichts als eine große Leere. Endlich ein bodenloses Loch, das sie einsaugt. Danach nichts. Sie ist enttäuscht. Sie hat das Tor doch nicht durchschritten.

Sie verwechselt das Ziel mit dem Weg, den sie abrupt aufgibt. In der folgenden Zeit vernachlässigt sie ihre Meditationspraxis, vergisst die wöchentlichen Treffen in der Sangha, ihrer kleinen, buddhistischen Gemeinschaft, zieht sich noch mehr als früher zurück, vergräbt sich in ihrer fast leeren Wohnung, fährt nicht mehr ans Meer, geht nicht mehr in den Wald. Nur mit Babette trifft sie sich gelegentlich. Dass sie sich mit der Älteren aus der Sangha ein bisschen angefreundet hat, wundert sie selber.

An ihrem neunundzwanzigsten Geburtstag beschließt sie, dass es nun reicht. Sie sammelt in den kommenden Monaten die Tabletten, die ihr der Arzt, wenn auch widerstrebend, wegen ihrer chronischen Schlafstörungen verschreibt. Auf seinen dezenten Hinweis, vielleicht mal eine psychologische Lebensberatung aufzusuchen, lächelt sie nur. Sie räumt ihre Wohnung sorgfältig auf, liest alle Briefe noch einmal, gerade auch die ihrer Liebhaber und Verehrer, die ihrer Freundinnen, ihrer Geschwister. Sie besucht noch einmal die wenigen Vertrauten, die ihr im Laufe des Lebens etwas bedeutet haben, schenkt jedem eine blühende Topfpflanze und verabschiedet sich mit »Vergiss mich nicht!«, so locker dahin gesagt, dass niemand Verdacht schöpft. Dann fährt sie noch einmal ein paar Tage an das Meer, lädt Babette schriftlich ein, in drei Tagen zum Frühstück zu kommen, und auf alle Fälle, falls sie verschlafe, das komme jetzt schon mal vor, wenn sie die Nacht über wieder wach gelegen habe, habe sie hier die Haustür- und Wohnungsschlüssel. Wenn sie nicht gleich öffne, solle sie nur hinauf in den dritten Stock kommen. Mehr steht in dem kurzen Brief nicht.

Dann geht sie nach Hause, liest noch einmal in den Betrachtungen von Krishnamurti, hört noch einmal Bachs h-moll- Messe, öffnet das Schlafzimmerfenster den gewohnten Spalt breit, geht ins Bad, geht noch einmal durch die kleine Wohnung und löscht das Licht, zieht sich ihr schönstes Nachthemd an, aus der Zeit mit Manfred übrig geblieben und leert das Glas bis zum letzten Tropfen.

Babette findet drei Tage später Cella in ihrem Bett, auf dem Rücken liegend, die Arme neben dem Körper, die Augen weit geöffnet, als ob sie in eine unerreichbare Ferne schaue, als ob sie staune – als ob sie angekommen sei.

Steht noch dahin

steht
steht auf der schneide
kerzengerade
aber nur ein windhauch
genügt und
es fällt – wohin?
steht noch dahin

bleibe auf messersschneide
irre nicht ab
auf den breiten
zuverlässigen
geordneten
der dir süße ruhe verspricht

Irgendwann zwischen ihrem fragilen In-der-Welt-Sein und einsamen Mit-sich-selber-Sein hat Cella den Tod gewählt. Tod, die andere Seite des Lebens. Sie hat ihren eigenen Tod gewählt, von nichts als sich selbst beeinflusst.

> »Sag bloß, wenn er das tun konnte, dann hätte er eben so gut auch noch was anderes tun können.«, (aus einem Brief Rainer Maria Rilkes, der hier einen jungen Fuhrmann beim Anblick eines Selbstmörders zitiert.) Und weiter: »Was müsste man nicht alles mit eben jener Kraft leisten können, die nötig ist, um die starken Bindungen des Lebens zu lösen.«[4]

Aber ich verherrliche nicht diesen Tod, vertrete nicht »das Recht auf den Freitod«. Dieser stellt sich mir dar als ein vorzeitiger Abbruch, als Ausweichen vor einer noch nicht gelösten Lebensaufgabe:

Sei es, sich mit anderen auseinander zu setzen, sich zugleich wirklich auf deren So–Sein einzulassen, anstatt ihrer idealisierten Vorstellung von Beziehung hinterher zu träumen.

Sei es, Leben und Existenz zu transzendieren und einen meditativen oder mystischen Weg zu gehen – wirklich zu gehen – und nicht in ihre Vorstellung davon auszuweichen. So war die Enttäuschung vorprogrammiert. Aber sie wurde nicht zur Ent – Täuschung, nicht zur Bejahung des Lebens und der Wirklichkeit, wie sie sich zeigen, mit ihren Licht- und ihren Schattenseiten.

Cella ist eine Besondere, eine Begabte gewesen. Sie war mit besonderen Gaben des Lebens ausgestattet: Empfindsam und dünnhäutig konnte sie hinter die Fassaden ihrer Zeitgenossen und deren Eingebundensein in Konventionen schauen und das verborgene Leiden in ihren Mitmenschen aufspüren. Aber sie ging nicht den Weg von der distanzierten Beobachtung zum Mitgefühl. Ihre Begabung

4 in: J.E.Berendt »Kraft aus der Stille«, 2003, Knaur, München, S.33

war zugleich eine Mitgift des Lebens, deren Sog ins Dunkle sie sich nicht erwehren konnte.

Schon als Kind war Cella voller Sehnsucht nach der einzigen oder »ersten Wirklichkeit« hinter der sogenannten Realität. Sie wollte die Engelerscheinungen selber erfahren. Als Schulkind saugte sie die verborgenen und verschlüsselten Wahrheiten der Märchen und Mythen in sich auf. Als junge Frau trug sie die Vision einer bedingungslosen Liebe in sich, eine Vorstellung, die zum Klischee und zur Illusion verkam. Als Erwachsene sagte sie sich von äußerer Scheinhaftigkeit los.

Sie wollte das Tor zur »größeren Erkenntnis«, zur reinen oder ersten Wirklichkeit aufstoßen. Cella oder Caecilia: eine Besondere, die sich mehr und mehr absonderte – in den Rückzug von den Gleichaltrigen, in äußerliche Exzentrik und geistige Brillanz, endlich in den Weg nach Innen zum Selbst. Sie gab aber auf, wollte das Ziel vorschnell herbeizwingen, blieb nicht auf dem Weg und verfiel so der Enttäuschung und Verzweiflung.

Darin gleicht sie der Protagonistin im Märchen »Frau Holle«, der Goldmarie, die sich anstrengte, soviel sie nur konnte, und doch die Erfahrung machen musste, dass es nie ausreichte, nie genug war, ihr nie die Anerkennung und Zuwendung einbrachte. So sprang die spätere Goldmarie in den Brunnen. Auf der Alltagsebene interpretiert: Sie beging Selbstmord. Aber in der Sprache des Märchens heißt das: Sie gelangt auf eine andere »Ebene« des Bewusstseins. Goldmarie im Märchen stellt sich der Ambivalenz der Großen Mutter. Sie stellt sich den ganz handfesten und lebensnahen Aufgaben. Ein Abstieg, dem ein Aufstieg folgte: ins Leben, in den Alltag, wieder in die vertrauten Beziehungen hinein, aber als Gewandelte.

Cella aber war vor der Zeit schon »gesprungen« – noch ehe sie den Tod wählte. Sie war noch nicht wirklich ans Ende gelangt, sie hatte ihre Aufgaben, die das Leben ihr gestellt hatte, nicht wirklich ergriffen. Und so konnte dem »Abstieg« in die eigenen Tiefen kein »Aufstieg« in das volle, bunte Leben folgen.

Noch einmal R.M. Rilke:

> »... seither weiß ich gewiß, dass auch ... noch die Verzweiflung nur eine Fülle ist, ein Andrang des Daseins, der sich mit einem einzigen Entschluss des Herzens ins Gegenteil werfen ließe, und wo eben etwas ganz schwer und unerträglich wird, da stehen wir auch immer schon direkt vor einer Verwandlung.«[5]

Und ich möchte nur noch hinzu fügen: Jeder Selbst-Mörder hinterlässt bei den nahestehenden oder vertrauten Menschen Gefühle der Ohnmacht, der Selbstzweifel, der Schuld. »Hätte ich es nicht verhindern können?« »Wenn ich damals mehr aufgemerkt – hingehört – geblieben – gesagt – gelassen – getan und ... hätte, dann ... vielleicht ...« Das ist die eine Seite für die Hinterbliebenen, die hinter diesem »letzten Schritt« zurück bleiben müssen. Eine vielleicht notwendende Form des Selbstzweifels!

Die andere Seite aber: Jeder Selbstmord ist nach meinem Verständnis auch eine Aufforderung, den anderen gehen zu lassen, die eigene Ohnmacht anzuerkennen und die »Macht« des Selbstmörders stehen zu lassen. Es ist aber auch eine Aufforderung, gerade auch die Lebenden in ihr eigenes Sein gehen zu lassen, in ihr ureigenes Leben zu entlassen – ohne dabei den anderen allein zu lassen, zu verlassen. Das ist die Auf-Gabe – oder die »Quadratur des Kreises«.

5 Jin .E.Berendt »Kraft aus der Stille«, a.a.O.

Doris

»Ich bin zufrieden – ich bin gesund – es geht mir jeden Tag etwas besser – ich bekomme alles, was ich brauche ...« Wenn Doris bei den letzten sechs Worten ihrer Affirmation angelangt ist, stockt sie. Schon am frühen Morgen sagt sie diesen Satz, auf den Rat ihrer Ärztin hin. Gleich nach dem Aufstehen beginnt sie damit. In den ersten Stunden des Tages kann sie sich noch daran festhalten, wie an einem Strohhalm. Die Kinder anziehen, ihnen zuhören, wenn sie ihr gleich morgens voller Tatendrang: »Guck mal, Mami« entgegenschleudern. Frühstück machen, dann das Gemansche von Urs aushalten, sich selber den Mund verbieten. Claudia in den Kindergarten begleiten, Urs beschwichtigen, der allein laufen will. Sie hat den Buggy genommen, damit es nachher schneller beim Einkaufen geht.

Nein, es stimmt einfach nicht! Sie hat nicht alles, was sie braucht. Sicherlich, das schöne Heim, den großen Garten mit Sandkasten, Blumen und Kräuterbeet, die gute Luft, keine finanziellen Sorgen. Jochen verdient gut. Seit zwei Jahren ist er Abteilungsleiter in einer Pharmafabrik. Zwei gesunde Kinder, die sich prächtig entwickeln.

Vorgestern hat sie endlich die letzten Umzugskartons ausgepackt und den Inhalt in den Hängeschränken verstaut. Das Chaos, das Urs und Claudia regelmäßig spätestens am Nachmittag fabriziert haben, fordern immer von neuem ihre Geduld und Gelassenheit heraus.

Sie sei doch tatkräftig und in der Blüte ihrer Jahre, resümiert ihre Mutter leicht säuerlich, wenn sie sich den täglichen Frust am Telefon von der Seele reden möchte, auf Verständnis hoffend. Mutter war doch auch einmal Mitte dreißig! »Was willst du, Kind, du hast einen lieben Mann, dein eigenes Haus, und die Kinder wolltest du doch! Wir hatten damals ganz andere Sorgen!« Ja ja, Mutter, du hast ja Recht. Aber Verzagtheit und Müdigkeit, die schon um ein Uhr mittags mich eingeholt haben, wenn Urs seinen Mittagsschlaf hält und Claudia ganz lieb bereit ist, für ein Stündchen allein zu spielen, kann ich nicht von mir abfallen lassen, oder ausziehen wie die Küchenschürze und an den Haken neben die Handtücher hängen.

Diese eineinhalb Stunden am Tag gehören Doris ganz allein. Aber schon nach der ersten Zeitungsseite kann sie sich nicht mehr konzentrieren oder sich gar aufraffen, endlich den Brief an die Versicherung zu schreiben, die schon seit Wochen auf eine Antwort wartet.

Der Tag beginnt um sechs Uhr früh, und erst gegen elf oder zwölf in der Nacht kommt sie ins Bett. Die letzten zwei, drei Stunden des Tages zerrinnen ihr unter den Händen. Dies und das, alles, was tagsüber liegen bleiben musste, die Kinder gehen schließlich vor. Seit Tagen möchte sie eigentlich wieder einmal mit der Freundin einen Schwatz halten. Aber Birgit geht es auch nicht besser. Als sie noch beide im selben Kiez wohnten, da konnten sie mal schnell abends heraus und ins Bistro um die Ecke. Ihre Männer bewachten inzwischen den Schlaf der Kinder. Das ist lange her. Jochen schläft in letzter Zeit oft schon um neun Uhr im Fernsehsessel ein.

Doris lässt die Zeitungsblätter zu Boden gleiten, sitzt nur da und kommt ins Grübeln. Die Verdrossenheit greift nach ihr und vertilgt das letzte Restchen des kleinen Aufschwungs, der sie eben noch erfüllt hat, zaghaft hoffend auf ihre Mittagspause. Wieso kann sie nicht wie Frau Behrens, vier Häuser weiter, drei Kinder zwischen zwei und sechs Jahren, einfach zufrieden sein? Oder zumindest so erscheinen. Wie macht die das nur? Immer lächelnd. Aber auch immer in Eile. »Man muss halt in den ersten Jahren zurückstecken. Dafür belohnen einen auch die Kinder, wenn es ihnen gut geht.« Schnell dahin gesagt, wenn Doris an ihrem Gartenzaun vorbeikommt, mit dem quengeligen Urs an der Hand, Claudia mit dem Kinderfahrrad an der anderen Seite, unterwegs zum Spielplatz am Rande des Neubaugebiets.

Sie hofft noch immer, dort andere Frauen zu treffen, nicht nur »junge Mütter«. Aber wenn sie wirklich einmal die eine, die andere aus dem ›Wohnpark‹, wie die Siedlung auf der grünen Wiese im üblichen Sprachgebrauch genannt wird, in ein Gespräch verwickeln kann, während ihre Sprösslinge sich im Sandkasten, auf der Rutsche, mit der Schaukel vergnügen, immer unter den wachsamen Augen der Mütter, ehe gleich eines wieder angelaufen kommt, etwas zeigen muss, getröstet werden möchte oder einfach nur auf den Schoß – also länger als fünfzehn Minuten schafft Doris es nie. Und von einem Gespräch zu sprechen ist viel zu hochtrabend. Austausch über die Billigangebote in den verschiedenen Supermärkten, die noch vor der Fertigstellung der ersten Straßenreihen aus dem Boden gestampft wurden. Für und Wider der Schutzimpfungen. Die Einschlafschwierigkeiten von Kind X und Baby Y, bestenfalls noch das anstehende Sommerfest im Kindergarten.

Noch immer liegt die Zeitung auf dem Fußboden, auseinandergeblättert. Irgendetwas stimmt nicht, reimt sich nicht. Aber was? Doris kommt nicht dahinter.

Vor vier Jahren hat sie aufgehört zu arbeiten. Erst Mutterschutz, dann Arbeitslosengeld. Erziehungsurlaub stand ihr nicht mehr zu. Ihre Stelle war ausgelaufen. Bereitwillig hat sie ihre Berufstätigkeit aufgegeben Sie hatte ja erreicht, was sie erreichen wollte, nach dem langen Studium die Doktorarbeit begonnen und während der dreijährigen Assistenzzeit an der Uni abgeschlossen. Ein Fest gefeiert, noch mit Freundinnen und Kollegen.

Eine neue Lebensphase begann, als sie mit Claudia aus der Klinik kam. Und sie ging völlig in den neuen Aufgaben als Mutter auf, versuchte, eine perfekte Hausfrau zu werden. Anfangs ist ihr das gelungen, und sie hatte sich zufrieden gefühlt.

Als Claudia anfing zu laufen, fand sie in einer Mutter-Kind-

Gruppe andere Frauen, mit denen sie sich austauschen konnte, nicht nur über Erziehungsfragen. Und in ihrem Kiez fühlte sie sich zu Hause. Da war der Plausch mit dem älteren Türken im Laden, wenn sie sein immer frisches Gemüse lobte. Das Bistro an der Ecke. Das kleine Off-Theater mit experimentellen und klassischen Stücken. Mein Gott, damals konnte ich mich noch abends in dem spartanisch eingerichteten und schwarz verhangenen Theaterraum vom Baby- und Hausfrauenalltag erholen. Manchmal sogar mit Jochen zusammen.

Elisabeth, die Babysitterin, eine warmherzige und erfahrene Frau wurde für sie eine mütterliche Gesprächspartnerin, bei der sie sich manchen praktischen Rat holte oder einfach ihr Herz ausschüttete. Damals hatte sie es noch nicht gestört, wie heute bisweilen schmerzlich und mit einem diffusen Zweifel in der Magengrube, dass Jochen sich mehr und mehr in seine Arbeit und in die beruflichen Anforderungen zurückzog. Anfangs war er noch bereit gewesen, sich am Wochenende um die Kinder zu kümmern. Urs war inzwischen auf der Welt. Aber dann bestand er auf seinem Recht zur Erholung. *Er* sorge schließlich für die Familie. Und er müsse sich um seine Fortbildung kümmern. Auf dem Laufenden bleiben. Sonst könne er seine Position nicht halten.

Als das kleine Dachgeschoss zu eng und das Wohnungsangebot nicht preiswerter wurde, da hatten sie gemeinsam die Übersiedlung an den Stadtrand geplant. Doris bekam unvermutet eine Erbschaft zugesprochen. Die Überwachung der Bauarbeiten brauchte Jochens restliche Energie auf. Doris hatte gehofft, wenn sie erst eingezogen wären … Aber was hat sich eigentlich zum Besseren verändert? Ja, äußerlich ist einiges angenehmer geworden. Mehr Platz im Haus und drum herum. Kein stinkender Verkehr, wenn sie mit den Kindern auf den Spielplatz geht, keine unvermuteten »Tretminen« sprich Hundekot dort, wo die Kinder spielen wollen. Aber der Kiez fehlt ihr. Der Austausch mit den Frauen in der

Gruppe, mit der Freundin. Die Gespräche mit Elisabeth – über ›Gott und die Welt‹.

Aber hier – mit wem kann sie reden? Die Nachbarn rechts sind ältere Leute, beide im Rentenalter, die Kinder aus dem Haus, Enkel gibt es anscheinend keine. Doris hatte gehofft, sie könnten vielleicht eine Großelternrolle übernehmen, hatte sie anfangs eingeladen, zum Kaffeetrinken. Sie kamen, freundlich-höflich, reagierten leicht genervt auf den quirligen Urs, Claudia versuchte vergeblich, der Frau ihre Puppe zu zeigen. Nein, sie bräuchten ihre Ruhe, und Doris möge doch bitte darauf hinwirken, dass die Kinder in der Mittagszeit nicht draußen spielen. Außerdem würden sie in zwei Wochen verreisen, in ihr Ferienhaus im Fichtelgebirge. Die beiden murmelten etwas von ganz anderen Erziehungsmethoden heute und gingen.

Und die Nachbarn links, ein jüngeres Paar, frisch verheiratet, wie sie Doris beim ihrem Antrittsbesuch erzählten. Sie scheinen nur zu arbeiten. Die Rollläden sind meist herunter gelassen. Oder der Sound einer Bigband tönt an manchen Abenden bis in ihr Wohnzimmer hinein.

Die Kinder fordern Doris ganze Energie. Sie sollen doch von früh an gefördert werden, und das heißt Urs zum wöchentlichen Babyschwimmen begleiten, Claudia zur musikalischen Früherziehung. Sie macht Fortschritte. Und sie wollen tagaus, tagein beschäftigt, gesehen und bestätigt werden. Ständig freundlich bleiben bei: »Mami, ›is'n das?« »Mami, guck mal – Maaamii – guck doch!« Hundertmal am Tag. Oder gerade noch die nächste »Katastrophe« verhindern können. Erst gestern, Urs war verdächtig leise. Als sie nachschaute, stand er im Badezimmer, auf seinem Fußbänkchen vor dem Waschbecken, hatte den Hahn voll aufgedreht und bekam den Stöpsel nicht mehr heraus.

Doris fühlt sich leer und wie ausgebrannt. Allein, obwohl ständig jemand da ist. Alleingelassen. Sie fühlt sich fremd im neuen Haus, als sei es nicht ihre Wohnung, nur die von Urs, Claudia und Jochen. Manchmal geht sie durch die Räume wie durch eine kalte, abweisende Landschaft.

Sie schreckt auf. Hat nicht oben Urs geweint? Jetzt schon? Sie geht nach oben. Urs steht in seinem Kinderbett, putzwach.

»Aufstehn!« befiehlt er. Da überkommt sie auf einmal ein Zorn und ein ihr bisher unbekanntes Empfinden. Sie kann es gar nicht so schnell wahrnehmen, wie es aus der Magengrube aufsteigt, fühlt sich nur noch ausgeliefert, ohne zu wissen woran – und schlägt zu. Einmal, mehrmals. »Du bleibst jetzt liegen, bis ich Dich hole!« Sie macht die Tür hinter sich zu, will nicht das Schreien des Knaben hören, erst empört, dann kläglich. Sie geht wieder hinunter ins Wohnzimmer. Die Zeitung liegt noch immer auf dem Boden. Sie schiebt sie mit dem Fuß beiseite und setzt sich. Ratlos. Sie kennt sich nicht wieder. Und schämt sich auf einmal. Mein Gott, was kann denn das Kind dafür! Sie schämt sich entsetzlich.

Als sie wenig später die Tür zum Kinderzimmer öffnet, steht Urs noch immer in seinem Bettchen, lächelt sie an, streckt ihr die Ärmchen entgegen. »Mami, Urs wieder lieb.« Da kann sie nur noch das Kind an sich ziehen. In den Arm nehmen. Und weinen. Sie weiß nicht, woher sie auf einmal soviel Tränen hat.

Am Abend, als die Kinder schon im Bett liegen, jedes mit seinem Schlaftier im Arm, kommt Jochen endlich. Spät, wie jetzt oft. Überstunden. Doris setzt sich nicht wie sonst zu ihm, wenn er seine Suppe löffelt, die sie wie immer vorbereitet hat. Sie bleibt stehen, neben ihm, der den Kopf über Teller gesenkt hält, müde. Erschöpft.

»Jochen, ich muss mit dir reden ....«

»Ja? Was ist?« Er blickt erschreckt auf.

»Du, ich kann nicht mehr. So geht es nicht weiter. Ich habe heute ...«. Und sie erzählt ihm, knapp und mit nüchternen Worten, wie sie heute ausgerastet ist, wie sie es nennt. Mehr vermag sie noch nicht zu sagen. Noch nichts von ihren Empfindungen, ausgebrannt zu sein und immer leerer zu werden, von ihrer Unzufriedenheit. Von dem Gefühl, allein in einem fremden Land verbannt zu sein, dessen Sprache sie nicht versteht. Aber Jochen hört diesmal zu, schaltet nicht schon den Fernseher ein wie sonst, wenn sie ihm die notwendigen Alltagsbelange mitteilt. Er schaut seine Frau an, sieht die dunklen Ringe unter den Augen, den schmalen Mund.

»Sag mal, könnten wir nicht endlich wieder Elisabeth einladen? Ja, du hast Recht, wir müssen irgend etwas ändern – aber ich weiß nicht was. Und schon gar nicht wie.«

Nach landläufigem Verständnis zählt Doris sicherlich nicht zu den Einsamen.

Ein zeittypisches Ambiente: herausgefallen aus der vertrauten, gewachsenen Umgebung, mit der Kleinfamilie isoliert im eigenen Haus und Garten, mit den Nachbarn keine echten Kontakte, zusammen mit Frauen in der gleichen Lebenslage, die wie sie völlig involviert sind in ihren kräftezehrenden Alltag.

Am Beispiel von Doris wird deutlich, wie eine normale Krise in einen Zustand führen kann, der Merkmale von Einsamkeit aufweist – eine Lebenskrise, wie sie wohl viele Mütter mit kleinen Kindern durchleben!

Und es begann alles so verheißungsvoll: Jochen hatte eine gute Arbeit, Doris konnte beruflich erreichen, was sie erreichen wollte, ein eigenes Haus und Heim wurden möglich, die Kinder gediehen gut, beide waren Wunschkinder! Doris stürzte sich mit Elan in ihre neuen Aufgaben.

Aber mehr und mehr spürt sie, dass sie selber gar nicht mehr vorkommt. Die lebensförderlichen Kontakte und Gespräche mit Freundinnen, Frauen (und Männern) ihres Alters, fehlen oder verflachen. Das liebenswerte Geplauder ihrer kleinen Sprösslinge kann diese nicht ersetzen.

Doris gerät in einen Zustand, der auch nicht durch die gut gemeinten Ratschläge ihrer Ärztin oder ihrer Nachbarin aufzuhalten oder gar zu »heilen« wäre. Sie gerät in eine Entfremdung von sich selber. »Sie fühlt sich leer und wie ausgebrannt. Doris geht manchmal durch die Räume wie durch eine kalte, abweisende Landschaft ... wie allein in einem fremden Land verbannt zu sein, dessen Sprache sie nicht versteht.« Ihre Erschöpfung und Selbstentfremdung löst in ihr schließlich tiefe Wut und Aggression aus. Immerhin noch Wut! Wenn sie jetzt nicht auf die Sprache ihres »Ausrastens« hören und ihren inneren Zustand wahr sein lassen würde, ohne Beschönigungen oder Vertröstungen wie bisher, dann wäre eine Depression fast vorprogrammiert.

Wie kann es weitergehen? Doris weiß es noch nicht. Aber ihr Mann Jochen, den sie nicht länger verschont, horcht immerhin auf, sieht hin und nimmt seine Frau wahr. Und er gesteht seine Hilflosigkeit ein. Erste Schritte auf dem Weg heraus aus der Krise!

Sicherlich werden noch manche äußere Schritte nötig sein – mehr als nur ein Treffen mit der älteren Freundin, die zuhören kann – und noch mehr innere Schritte! Hoffentlich findet sie einige Menschen, die ihr zuhören, einfach zuhören, und die sie emotional stützen auf dem Weg zu sich selber.

Viele kleine Schritte, und hartnäckig dranbleiben, nicht abwarten, »bis die Kinder aus dem Gröbsten heraus sind«. Sonst könnte es geschehen, dass Doris die Chance ihrer Krise verpasst, dass sie den Zugang zu sich selber gänzlich verliert. Und spätestens, wenn die Kinder aus dem Haus gehen, ist die nächste große Krise angesagt

Aber soweit muss es nicht kommen. Doris ist aufgeschreckt. Sie hat jetzt die Chance.

Alle inneren und auch äußeren Kräfte werden in der Zuspitzung ihrer Krise mobilisiert. Sie erlebt Einsamkeit als notwendigen »Rückzug«, der erst die Konzentration auf sich selber möglich macht, aus der Veränderungen und letztlich Wandlung erwachsen.

»Einsamkeit ist wie ...«

Gespräch in einer Frauengruppe. Wir sind schon länger zusammen, kennen uns und haben Vertrauen zueinander gefunden. Geschichten tauchen auf, Geschichten aus der Kindheit.

Und irgendwann frage ich: »Hast du dich als Kind einsam gefühlt?«

Betroffenes Schweigen. Einige beginnen zu antworten, vorsichtig, tasten sich an schmerzliches Erleben heran.

Schließlich bitte ich die Frauen, einen Augenblick lang alle Gedanken und Erinnerungen auszuschalten und die Frage wirken zu lassen:

»Einsamkeit ist wie ... Welches Bild taucht auf ?«

Hier einige der Antworten:

> ein kleines Kind auf einer großen Wiese, in einem viel zu kurzem Hemdchen, allen Blicken ausgesetzt, bloßgestellt sein.
>
> eine leere Landschaft, in der sich nichts bewegt, nur die Konturen sind schemenhaft zu erahnen.
>
> ein nasser Novembertag. Der Himmel ist nicht sichtbar, alles erscheint verhüllt. Man kann nirgends hindurchblicken.
>
> in einem Einwegspiegelraum eingeschlossen – von außen gesehen werden, aber nicht gehört werden können.

nach einem Atomkrieg der letzte, übrig gebliebene Mensch sein.

ein Dröhnen, wie ein sehr großes Flugzeug, ein immer stärker werdendes Dröhnen.

allein in der unendlichen Weite eines Schneefelds in Alaska, sich sehr winzig und verlassen fühlen. Hunger haben.

der »Arme Poet« von Spitzweg. Allein sein, in sehr beschränkenden Verhältnissen leben, trotzdem zufrieden und mit sich selber etwas anfangen können.

durch eine nächtliche Wüste gehen: allein mit mir selber, verzweifelt, und doch mich sehen, wie ich wirklich bin

als Kind ein Spaziergang im Herbst mit dem Vater, durch reife Kornfelder, an bunten Herbstblätterbäumen vorbei.

Als wir alle unsere Äußerungen – sie stehen inzwischen groß auf einem Plakat geschrieben an der Wand – noch einmal gehört und gelesen haben, sitzen wir nur noch ganz still da, im Kreis, und lassen den Abend in uns ausklingen.

Elisabeth

Elisabeth ließ die Haustür schwungvoll ins Schloss fallen. Sie atmete auf. Endlich allein. Sie schüttelte sich einmal kurz, die Haare flogen auf und fielen zurück, schmiegten sich an den weichen Kragen der Bluse. Eigentlich hatte sie heute zusammen mit Katja den Hit der neuesten Filme sehen wollen. Aber die Freundin hatte vor einer Stunde abgesagt. Einer ihrer Sprösslinge hatte mal wieder etwas ausgefressen, und Katja musste nicht nur den heulenden Knaben zurechtstupsen, sondern auch bei den entsetzt – empörten Nachbarn um Verständnis werben. Durchs Telefon hatte sie ihren Frust Elisabeth ins Ohr geschleudert. Die hatte nur zuhören können. Es war einer der Augenblicke gewesen, in denen Elisabeth froh war, selber kinderlos geblieben zu sein.

Nun gut, dann ging sie eben allein ins Kino. Morgen konnte sie ausschlafen, ehe sie wie üblich vor ihrer samstäglichen Haushaltstour die Woche Revue passieren ließ, in einer kleinen, selbstentworfenen Zeremonie, auf die sie nicht mehr verzichten mochte.

Auf dem Weg zum Kino, Elisabeth hatte das Fahrrad genommen, zog noch einmal das Gespräch eben im Treppenhaus an ihr vorüber, mit Frau Rawunte, einer Rentnerin und »Polizistin« im Haus. Die fand immer etwas, was die Kinder, besonders die von Ayuntas, fünf an der Zahl, nicht ordentlich hinterlassen hatten. Aber diesmal hatte Frau Rawunte schließlich: »Schwamm darüber« gesagt, ihr dabei auf die Schulter geklopft, »wir halten doch zusammen« gesagt und: »Weshalb setzen Sie sich eigentlich so für diese Ausländer ein?« Sie hatte wenigstens nicht »Ausländerpack« wie sonst gesagt. Das war schon ein Fortschritt. »Sie haben doch gar nichts davon«, hatte sie noch hinterhergeschoben. Stimmte. Oder stimmte auch nicht.

Elisabeth war am Kino angelangt und schloss ihr Fahrrad an

und – ausverkauft. So ein Mist. Aber nach einer kleinen Weile: Auch gut. Dann habe ich endlich den Abend für mich allein. Und morgen werde ich auch das Treffen vom Arbeitskreis Asyl absagen, entschloss sich Elisabeth gleich hinterher. Die können auch mal ohne mich tagen, nach allem, was ich schon für den Verein getan habe. Bettina? Nein, auch sie lassen. Nur das Federballspiel mit Stefan am Sonntagnachmittag. Versprochen ist versprochen. Morgen und auch Sonntag ist endlich einmal wieder Rückzug angesagt. Sonst ist das nächste Schwarzloch vorprogrammiert.

Wieder zuhause angekommen, ging Elisabeth an der offenen Wohnungstür von Ayuntas vorbei. Kinderlärm drang heraus. Sie schaute nicht wie sonst mal schnell herein und stieg in ihren zweiten Stock. Sie machte kein Licht im Wohnzimmer, sondern setzte sich auf ihren Balkon.

Elisabeth lebte seit sieben Jahren in diesem Mietshaus, zwölf Parteien im Vorderhaus und ebenso viele im Gartenhaus, wie es im Sprachgebrauch hieß. Sie hatte sich in den letzten Jahren zusammen mit Peter und Karin, er Lehrer, sie Erzieherin, beide noch kinderlos, für ein besseres Klima zwischen den Mietparteien eingesetzt, freundlich und hartnäckig, und dazu beigetragen, dass eine Hausgemeinschaft entstand. Als vor drei Jahren Ayuntas einzogen – ihr Asylantrag war positiv beschieden worden – dunkelhäutig, klein, ängstlich, nicht nur die Kinder, sondern auch das abgehärmte Ehepaar, hatte Elisabeth nach und nach eine Beziehung zu ihnen aufgebaut. Sie hatte behutsam deren Misstrauen überwunden. Anlässe gab es genug.

Und vor einem Jahr hatte sie alle Mietparteien des Vorderhauses in ihre kleine Wohnung eingeladen, zusammen mit Peter und Karin einen Abend vorbereitet, an dem Ayuntas nicht nur für alle gekocht, sondern auch von ihrer Heimat erzählt hatten. Gebrochenes Deutsch, aber doch genug, damit die anderen ihnen zuhörten. Der Abend ließ Kontakte entstehen zwischen

Menschen, die seit Jahren auf der Treppe aneinander vorbeigeeilt waren, grußlos.

Doch, das spürte Elisabeth, sie hatte auch etwas davon. Was, das wusste sie nicht. Aber wenn sie wieder einmal ihr »schwarzes Loch« auslotete, wie sie es selbstironisch nannte, dann zweifelte sie an allem und zu allermeist an sich selber. Dann fragte sie sich, weshalb sie es immer wieder mit Frau Rawunte versuchte. Sollte die doch in ihrer selbstverschuldeten Einsamkeit schmoren, bis sie schwarz wurde.

In den ersten Jahren, wieder allein nach einer zehnjährigen Ehe ohne Trauschein, hatte sie das »schwarze Loch« ihrer Trauer zugerechnet und es sich zugestanden. Ausgelöst in Zeiten der Überarbeitung, in denen sie nur funktioniert und zu wenig auf die Signale ihres Körpers geachtet hatte. Aber allmählich war ihr aufgefallen, dass sie früher schon, zusammen mit Klaus und noch davor in den jungen Jahren ihres Singledaseins, Zeiten gekannt hatte, in denen sie sich wie abgeschnitten von vertrauten Menschen und von allem Lebendigsein gefühlt hatte. Und sie war den Spuren ihrer Melancholie gefolgt, bis zu den Wurzeln. Damals als Kind. Aber als nach drei Jahren ihre »Löcher« sich eher vertieften als dass sie seltener wurden, geriet sie in Panik. Hört das denn nie auf?

Schon am Morgen, wenn sie aufwachte, lastete der Himmel schwer auf ihr, ehe sie überhaupt den Vorhang zur Seite geschoben und nach dem Wetter geschaut hatte. Sie zwang sich zum Aufstehen, nahm nicht das Fahrrad wie sonst, um sich Wind um die Nase wehen oder sich von der Sonne bescheinen zu lassen, sondern ging zu Fuß zum Autobus. Ihre Arbeit verrichtete sie lustlos, antwortete kaum oder mürrisch auf Fragen der Kolleginnen, hielt mit ihnen in der Mittagspause keinen Schwatz. Wieder zuhause angelangt, öffnete sie nicht die Post, vergaß, nach ihren Pflanzen auf dem Balkon zu schauen, ging nicht ans Telefon, nahm ein Buch zur Hand, das sie schon immer mal lesen wollte, aber legte es nach wenigen Seiten aus der Hand. Sie konnte sich nicht konzentrieren. Sie las nur Worte, deren Sinn sie aber nicht erreichte und verfiel in Grübeln. Es war doch eigentlich alles längst gelaufen. Sie fühlte sich klein und mies – leer, nutzlos, überflüssig. Ihre Freundinnen erschienen ihr pingelig und nörgelnd, ihre Kolleginnen kleinkariert. Die Nachbarn, nicht nur Frau Rawunte, ätzend

Der Druck auf den Schläfen verdichtete sich zum Kopfschmerz, der ihr die Erlaubnis gab, früh ins Bett zu gehen. Aber sie wälzte sich unruhig hin und her. Irgendwann gegen Morgen fiel sie in einen leichten Schlaf und wachte zerschlagen auf. So begann sie den nächsten Tag wie den vorigen. Das konnte drei, vier Tage andauern.

Manchmal gelang es ihr, beim Grübeln einen Gefühlsfetzen zu erwischen und festzuhalten. Den Ärger unlängst, eine vermeintliche Zurücksetzung, eine anscheinend schroffe Äußerung eines Kollegen oder eine eigene Ungereimtheit. Dann holte sie das Rad aus dem Keller, ging schwimmen oder fuhr eine Runde um den See. Zwar nahm sie noch nicht Straßenbäume, Blumen in den Gärten und die Vorübergehenden wahr. Aber immerhin durchatmen. Und nachdenken. Nicht grübeln. Nach Hause fahren und Katja oder eine Kollegin anrufen oder bei Bettina vorbeifahren, sagen: »Hör mir mal bitte zu.« Und den Anlass ihrer Verstimmung benennen. Vielleicht noch am Abend oder am nächsten Tag ein »klärendes Gespräch« führen. Und anschließend sich sagen: »Mensch, bist doch 'ne dumme Kuh. Was machst du dir das Leben schwer.« Danach lachte sie mit Bettina oder Katja herzlich über sich selber.

Sie fühlte sich hinterher erschöpft, doch Elisabeth spürte zugleich, dass sie eigentlich gestärkt aus ihren Krisen hervorging, wenn sie sich ihnen bewusst aussetzte und sie sich zumutete. Nicht mehr auszuweichen versuchte in Geschäftigkeit, wenn sie sich nicht mehr flugs mit Freunden verabredete, sobald wieder ein »Loch« drohte. Ihr offenes Naturell kam ihr zu Hilfe. Sie wollte sich nicht verbergen, nicht die starke Solistin spielen, die alles bewältigte, nicht nur Trennung und Abschied von ihrer Zweierbeziehung, die ihr einst so viel bedeutet hatte. So wurde sie eines Tages von einer Kollegin eingeladen, mal in »die Gruppe« mitzukommen. Sie kam ein zweites, ein drittes Mal – und blieb. Alle vierzehn Tage oder öfter trafen sich sechs Frauen und drei Männer. Elisabeth wurde bei ihnen heimisch. Selbst bei der beruflichen Terminplanung kalkulierte sie diesen Jour fixe inzwischen fest ein. Nein, befreundet im engeren Sinn waren sie untereinander nicht. Aber ihre Gespräche, auch die Ausbrüche, manchmal Weinen, manchmal Toben, manchmal herzliches Gelächter übertrafen manche Freundschaft an Offenheit und Tiefe. Wenn Elisabeth an »Zuhausesein« dachte, wusste sie bisweilen nicht, ob sie ihre Zwei-Zimmer-Wohnung im zweiten Stock oder ihre KB-Gruppe meinte. KB stand für kollegiale Beratung.

Sicherlich, auch der chaotische Haushalt von Bettina, ihrer Busenfreundin, alleinerziehend, mit Stefan, dem Neunjährigen, war ihr Zuhause. Sie verbrachten viele Stunden am Wochenende miteinander, auch wenn sie dafür manchmal ihr Hobby zurückstellen musste. Fotografieren, Landschafts- und Portrait-Aufnahmen waren ihre Stärke. Elisabeth überzog zu Weihnachten alle Freundinnen und Verwandten mit selbstgemachten, exquisiten Kalendern.

Beide Frauen hatten sich nach ihren beinahe gleichzeitigen Trennungen einander angeschlossen. Ihre Beziehung schloss im Laufe der Jahre manche Auseinandersetzungen, Missverständnisse und Versöhnungen mit ein. Stefan liebte seine Vizemama, oder seine große Schwester, mit der er herumalbern und seine Kräfte messen konnte, wenn seine Mutter sich genervt zurückzog. Stefan, das Einzelkind. Sie ließ den beruflichen Stress von sich abfallen, wenn Bettina mit dem Knaben zu ihr zum Abendessen kam. Die beiden Frauen redeten und redeten. Stefan schlief dann auf dem kleinen Sofa.

Ihre Arbeit als Sekretärin in einem großen Chemiekonzern hatte Elisabeth schon in den Jahren mit Klaus aufgegeben und sich in das Abenteuer einer ihr zunächst fremden Ausbildung zur Atem- und Körpertherapeutin gestürzt. Seit fünf Jahren arbeitete sie in einer kleinen Praxis mit, teilte die Mühen und die Erfolge der Selbständigkeit mit drei anderen Frauen, verdiente wenig, viel weniger als früher, aber genug zum Leben, wie sie fand. Zu großen Sprüngen oder gar Weltreisen reichte es nicht. Aber sie hatte sich entschieden, auf den Konsumzwang, der gerade Singles heimsuchte, zu verzichten. Sie bereute diesen Entschluss nicht.

Elisabeth saß noch immer im letzten Dämmerlicht auf ihrem Balkon und nahm die stiller werdenden Großstadtgeräusche wahr. Nahm nur wahr. Nichts weiter. Die Luft sommerlich mild. Die Sonne war blutrot untergegangen und verhieß einen neuen, einen strahlenden Tag. Elisabeth beschloss, wieder einmal auf ihrem Balkon zu übernachten, holte sich Decken und Kissen, rollte sich auf der Campingliege zusammen und schlief fest ein.

Ehe die Vögel ihr frühes Morgenlied begannen, fiel sie in einen unruhigen Traum.

Eine sandige, helle Ebene. Sie geht und geht. Allein. Sie kann den Horizont nicht erblicken, so weit ist er entfernt. Endlich taucht links Wald auf, traumvertraut. Rechts eine Straße. Kleine, aneinandergereihte Läden. Die Lämpchen in den Schaufenstern verbreiten ein mattes Licht. In einer der Auslagen erkennt sie eine große Puppe, altmodisch, mit aufgerissenen, wächsernen Augen. Da verlässt Elisabeth die Steppe, geht in den Laden hinein und befindet sich im Wohnzimmer ihrer Kindheit. Von irgendwoher erklingt lautes, streitendes Gezeter. Sie kauert sich in den Puppenstuhl, nimmt Lena auf den Schoss und verharrt, wird immer kleiner und versinkt im Stühlchen, hofft, niemand würde sie hier finden. Da wächst der Türrahmen vor ihren Augen in die Höhe. Sie muss hinschauen und sieht die dunkle Gestalt ihres Vaters, schemenhaft, hört: »Komm her, wenn ich mit dir rede.« Drohend. Aber sie gehorcht nicht, sieht ihn nur an. Da sackt die Gestalt mit einem Klagelaut zusammen, schlägt die großen, schwieligen Hände, die sie immer so gefürchtet hatte, vors Gesicht und beginnt zu weinen. Da steht sie auf, die Puppe gleitet zu Boden, sie achtet nicht darauf, geht durch die Tür und die jämmerliche Gestalt hindurch und ist im Freien. Der Wald ist verschwunden, an seiner Stelle eine glatte Wasserfläche. Klaus kommt ihr auf dem Fahrrad entgegen, auf ihrem Fahrrad, winkt ihr fröhlich zu und fährt vorbei. Sie blickt ihm nach, fühlt einen Moment ein schmerzliches Ziehen in der Brust, noch einmal, aber wendet sich um und schreitet auf den See zu. Sein Wasser schließt sich angenehm warm um ihre bloßen Füße.

Elisabeth wachte auf. Sie musste sich besinnen, wo sie war, so lebhaft hatte sie geträumt, stand auf, fröstelte, holte sich eine Decke und ihr Tagebuch. Übermorgen in der KB-Gruppe würde sie im Schutze und mit der Aufmerksamkeit der anderen sich nochmals in den Traum hineinversetzen und versuchen, ihn zu verstehen. Sie legte sich noch einmal schlafen.

Als sie am Vormittag endlich aufgestanden war, erledigte sie das Nötigste, sagte ihren Arbeitskreis ab, räumte ein wenig auf, ließ den Samstag unter den Fingern zerrinnen. Sie überließ sich ihren Erinnerungen und Gefühlen. Irgendwann holte sie ein großes Weinen ein. Sie ließ sich Zeit, überhörte auch das Telefon. Peter, dem sie schließlich öffnete, noch völlig verheult, sagte sie nur: »Geht heute ohne mich zum Italiener.« Statt dessen fuhr sie zum See, schwamm eine Runde und ging früh schlafen. Am nächsten Morgen nahm sie ihr Fahrrad und fuhr hinaus, eine lange Tour, mied die sonntäglichen Ausflugsflecken und die lärmende Freizeitgesellschaft. Sie streckte sich mittags im Laub vom Vorjahr unter einer hohen Buche aus. Und ließ den gestrigen Tag und die vergangene Woche noch einmal an sich vorüberziehen, blieb nirgends länger hängen, erinnerte noch einmal den Traum und ihren Schrecken vor der dunklen Gestalt. Sie war hindurchgegangen. Elisabeth war wieder ihrem Dämon begegnet – oder ihrem Engel, das wusste sie nicht genau. Sie fühlte sich leer und war zugleich erleichtert, heute allein geblieben zu sein. Endlich spürte sie den Raum um sich herum, im Schatten der dichten Baumkrone. Sie hatte einen Augenblick lang das Empfinden, sich selber sehen zu können, wie sie war, ohne Schön- oder Schwarzfärberei, ohne sich etwas Besonderes vornehmen zu müssen, ohne sich etwas vorzuwerfen. Schlicht. Lebendig. Sie atmete die warme Luft ein, roch den feuchten Laubboden. Ein Vogel begann zu zwitschern. Der Sommer summte.

Als sie zurückkehrte, fühlte sie sich ein paar Zentimeter gewachsen. Erschöpft und doch gestärkt. Sie fuhr zu Bettina. Stefan lief ihr entgegen, freute sich, schubste sie fast vom Rad und balgte mit ihr. Sie ließ es mit sich geschehen, lächelnd, spielte mit dem Kind eine Runde Federball und vertröstete die Freundin. Später. Sie wollte an diesem Abend noch allein bleiben, Musik hören, einen Brief schreiben, endlich. Und dann schauen, was die neue Woche bringen mochte.

Nacht

Jenseits des
untergegangenen Mondes
beginnen Tautropfen
leise zu summen
ich falle in ihr Lied ein
da verstummen sie
heißen mich schweigen
und Stille einatmen

Wenn ich Elisabeth fragen würde, ob sie sich bisweilen einsam fühlt, würde sie mich vielleicht nur erstaunt ansehen. Auf den ersten Blick sieht ihre Geschichte nach einem geglückten Alleinleben aus. Nichts von Einsamkeit. Oder doch?

Elisabeth hat es verstanden, ihre »schwarzen Löcher« oder depressiven Verstimmungen als Chance zu nutzen. Die Krisen als Chance. Und sie nicht mit handelsüblichen Psychopharmaka oder mit der vom Zeitgeist vielgepriesenen Aktivität – oder Geschäftigkeit – zuzudecken. Sich auf sich selber einzulassen. Auf den Grund zu gehen. Hindurch zu gehen. Dazu braucht sie das Alleinsein, ja, sie muss sich zeitweilig vereinzeln und die dabei entstehende Einsamkeit, das Gefühl von Sinnlosigkeit und Minderwertigkeit aushalten.

Anfänglich ist sie ihren Schwarzlöchern ausgeliefert, verstärkt durch somatische Beschwerden, die sie aber zugleich zur »Be-Sinnung« zwingen. Sie überfallen sie, ohne dass sie zunächst die auslösende Situation erkennt. Mehr und mehr übt sie, sich rechtzeitig zurückzuziehen, um sich selber »auf die Schliche zu kommen.« Aber sie versucht das nicht allein. Sie kann sagen: »Hör mir mal zu«. Nicht von ungefähr stößt sie auf »die Gruppe«. Und bleibt dabei. In »kollegialer Beratung« unterstützen sich Frauen und Männer in ihren Wachstumsprozessen und -schmerzen.

Anders als Fanny,– im folgenden Abschnitt – hat sie genügend Vitalität bewahren oder entwickeln können, kann mehr und mehr ihre eingeschliffenen Verhaltensmuster erkennend aushalten und stückweise hinter sich lassen.

Ihre Freundschaften, ihr soziales Netz, ihr Bezogensein, ihr berufliches und soziales Engagement sind weniger die Wurzel ihres gelingendes Lebens als vielmehr eine Frucht. Frucht des notwendigen Rückzugs, der Besinnung auf sich selbst.

Elisabeth kann allmählich sich selber sehen, »wie sie war, ohne Schwarz- oder Schönfärberei. Ohne sich etwas Besonderes vornehmen zu müssen, ohne sich etwas vorzuwerfen: Schlicht. Lebendig. Sie atmete die warme Luft ein, roch den feuchten Laubboden. Ein Vogel begann zu zwitschern. Der Sommer summte.«

Fanny

Fanny stand im Flur, die Handtasche schon in der Hand, legte sie aber wieder zurück auf das Bord. Nein, es war nicht mehr die rechte Zeit zum Ausgehen. Sie strich sich die langen, strähnigen Haare aus der Stirn und mit der Hand über die Schläfen. So, als wollte sie etwas wegwischen. Sie ging zurück ins Zimmer. Die Zeitung, in der sie vorhin geblättert hatte, lag verstreut auf dem Fußboden. Sie schob sie mit dem Fuß beiseite, nahm einen Stuhl, rückte ihn ans offene Fenster. Der Straßenlärm drang noch immer herauf, bis in den dritten Stock. Als sie vor einer Stunde heimgekehrt war, Dröhnen in den Ohren, Fäuste an die Schläfen gepresst und durchgeatmet, nur schnell heim, konnte sie sich zu nichts mehr entschließen, nicht einmal zum Zeitung lesen.

Die Arbeit mit den Kindern hatte sie genervt, wie jeden Tag. Sie hatte beim Verabschieden nur mürrisch auf eine Frage der Kollegin geantwortet. Nur noch den Dienst hinter sich bringen und an den Abend in ihrer Wohnung denken. Aber oben angelangt, hatte ihre allabendliche Unruhe sie überfallen. Was sie eigentlich wollte, wusste sie nicht.

Fanny arbeitete in einer Tagesstätte mit verhaltensauffälligen Kindern. Vom Arbeitsamt vermittelt und nicht aus eigenem Antrieb gewählt.

Schon am Morgen, meist mit Kopfschmerzen begonnen, dachte sie an den Abend. Aber wenn es soweit war, konnte sie mit ihrer freien Zeit nichts anfangen, saß nur da, fing dieses oder jenes an, verwarf es wieder, ließ einfach liegen, was ihr unter die Finger geriet. Einen Brief ungeöffnet. Eine Rechnung, die bezahlt werden sollte. Eine Urlaubskarte von Helmut. Sonne und Strand auf der Vorderseite, freundlich-belanglose Sätze. Wie man so schreibt. Eigentlich hatte sie ihm gleich antworten wollen, dass er gar nicht mehr zu schreiben brauche.

Fanny saß am Fenster und sah auf die Straße hinunter, ohne irgend etwas wahrzunehmen, ließ die Gedanken laufen, fing zu grübeln an, was wäre gewesen, wenn …

Als das Telefon läutete, nahm sie den Hörer nicht ab. Wer sollte sie schon anrufen. Sie starrte nach draußen. Und nur das Rauschen der Autokette, gelegentlich ein Quietschen und das Geräusch von Autoreifen auf dem Asphalt. Es hatte geregnet. Ein paar Mal Gesprächsfetzen, eine heftige Auseinandersetzung zweier Männer und das Lachen eines Paares drangen an ihr Ohr, ohne dass sie ihren grübelnden Gedankenfluss unterbrach. Der Abend ging zuende wie der gestrige, wie alle Abende zuvor, lief einfach aus. Wenn es ganz dunkel geworden war, jetzt im Sommer erst gegen 22 Uhr, stand sie auf, ging völlig ermattet und steif in den Knien in die Küche und an den Kühlschrank. Irgend etwas fand sich immer, ein Apfel, ein Joghurt, im Stehen gegessen, ohne Genuss, ohne zu schmecken, was sie im Mund oder zwischen den Zähnen hatte. Dann ging sie in ihr Zimmer zurück, schloss das Fenster, kleidete sich im Dunkeln aus und fiel ins Bett.

Am nächsten Morgen begann alles von neuem. Wiederholte sich. Quälte sie. Schon seit Monaten schleppte sie sich durch ihre Tage, wunderte sich nur manchmal, dass sie nicht krank wurde. Das hätte wenigstens eine wohltuende Unterbrechung des Kreislaufs bedeutet.

War es jemals anders gewesen? Auf dem Weg zur Straßenbahn versuchte sie sich zu erinnern. Doch, als sie noch arbeitslos war, da konnte sie dem Druck aus Anforderungen und Erwartungen der anderen, dem ständigen Zwang zu grübeln, entgehen, musste sich nicht in sinnlosen Gedankenabläufen einrichten, sich an ihnen festhalten wie an einem Strohhalm, der sie vor dem Ertrinken retten sollte. Stundenweise. Manchmal sogar tagelang. Da konnte sie noch ein Buch lesen. An einem Seminar teilnehmen. Bisweilen sogar ihrem Hobby frönen, aus winzigen Glasperlen und Silberdraht Modeschmuck herzustellen. Eine Freundin besuchen.

Aber es nie lange bei ihr aushalten, damals schon. Die Freundin erzählte munter von einem Gespräch am Tage oder von einem geplanten Kinobesuch und lud sie dazu ein. Selten ging sie mit. Und immer zurückkehren in die leere, unaufgeräumte Wohnung im dritten Stock, Hauptverkehrsstraße, der Leere und dem Alleinsein ausgeliefert.

Als sie von ihrer Vermittlerin des Arbeitsamtes die Stelle angeboten bekam, wenn auch nur vorübergehend, Schwangerschaftsvertretung, da hatte sie gern zugegriffen, hatte sich etwas von der Arbeit erhofft. Was, das wusste sie nicht.

Fanny ging mit schleppenden Schritten, wie eine alte Frau, obwohl sie noch nicht einmal die vierzig überschritten hatte. In der Tagesstätte empfing sie die Kollegin, sie solle gleich bei der Leiterin vorsprechen.

Was mochte das bedeuten? Sicherlich hatte sie irgendeine wichtige Anordnung wieder einmal nicht beachtet, ja, sie erst gar nicht gehört, als diese in der wöchentlichen Dienstbesprechung mitgeteilt worden war, von den anderen Kolleginnen mit nickendem Schweigen quittiert.

Frau Nickel empfing sie freundlich. »Bitte setzen Sie sich.« Und dann: »Wie fühlen Sie sich bei uns? Haben Sie sich inzwischen ein bisschen eingelebt? Die Kinder machen es einem ja wahrlich nicht leicht.« Fanny wagte nicht, der Leiterin in die Augen zu schauen und blickte an ihr vorbei, als sie antwortete: »Danke, es geht so.« Ihre Stimme klang noch zurückgenommener als sonst. Da hörte sie, hörte es wie durch einen Schleier, den sie zur Tarnung oder aus Vorsicht vor unerwarteten heftigen Luftzügen oder einer ausholenden Hand über sich gebreitet hielt: »Frau Mahlow hat sich noch länger beurlauben lassen. Wenn Sie wollen, können Sie gern bei uns weiter arbeiten. Wir würden uns darüber freuen.«

Fanny saß wie erstarrt. Das hatte sie nicht erwartet, hörte nur: weiter arbeiten. Und spürte den täglichen Druck, der sich zwischen ihr und den Kindern, zwischen ihr und den Kolleginnen aufstaute, fühlte den abendlichen Zwang zum Grübeln und zum Nichtstun, zum alles so liegen lassen. Und das sollte nun immer so weitergehen. Andauern. Nicht auszudenken. Nein, nur nicht daran denken.

Sie sah auf, blickte in Frau Nickels fragendes Gesicht. »Darf ich mir das bis morgen überlegen?« presste sie endlich hervor. »Aber natürlich. Denken Sie in Ruhe darüber nach. Ich dränge Sie nicht. Aber ich würde mich über Ihr Bleiben freuen.«

Schon wieder dieses Wort – freuen. Was fand denn Frau Nickel an ihrer Anwesenheit so erfreulich? Sie fühlte sich statt dessen wie bestraft. Fanny stand auf und fragte: »Darf ich jetzt gehen?« Und Fanny sah nicht mehr, wie Frau Nickel ihr nachdenklich hinterher blickte.

Am Abend vor dem geöffneten Fenster, den Blick auf die Straße und den Verkehr gerichtet, da hatten ihre Gedanken auf einmal ein Ziel, an dem sie sich ausrichten, aufstellen und sträuben konnten. Weiterarbeiten oder nicht weiterarbeiten – sie schob die Frage nicht weg, sondern versuchte, wie schon am Morgen, sich zu besinnen.

War es jemals anders gewesen? Ja, es hatte einmal eine Zeit gegeben, eine kurze nur, als sie siebzehnjährig in die Stadt gekommen ist, endlich von Zuhause weit fort, als sie nach der Arbeit in einem großen Betrieb durch die Straßen zieht, mit Freunden, die sie schnell gefunden hat, hier einkehrt, dort ein Weilchen bleibt und schließlich, wie immer ist es spät geworden, sich von ihnen verabschiedet. «Tschüs, bis morgen.«

Die Freunde sind es, die ihr Mut machen, doch noch die Schule zu besuchen. Sie ist nur mit dem Hauptschulabschluss in die Stadt gekommen, und hat trotzdem Anschluss gefunden an diese fröhliche Clique aus Gymnasiasten und Erstsemestern.

Was die nur an ihr gefunden hatten. Sie schüttelte den Kopf, verstand es noch heute nicht. Aber es hatte sich alles so leicht gefügt.

Sie bekommt problemlos einen Platz an der Abendschule. Am Feierabend sitzt sie nun statt in der Disko oder im Straßencafé in einem miefigen Schulzimmer, starrt auf die Tafel, schreibt Zeichen ab, hört zu, antwortet auf Fragen. Trotzdem fühlt sie sich gut und gar nicht unter Druck. Auch wenn sie sich nur noch am Wochenende mit den Freunden treffen kann, die sie ausfragen, von ihr wissen wollen und mit ihr über die Schoten von Dr. Läblich lachen. Anfangs arbeitet sie noch weiter, bis sie Fabrik und Abendschule mit dem Tageskolleg vertauschen kann. Die Ausbildungsbeihilfe ist ihr sofort gewährt worden.

Und einer der Freunde fragt sie schließlich, ob sie ihn heiraten wolle. Da hat sie nur laut aufgelacht und gesagt: »Wenn ich einmal alt bin – ja!« Verheiratet. Fanny kann sich das nicht vorstellen. Das hätte ja bedeutet, wie ihre Mutter werden müssen.

Seit sie in der Stadt wohnt, denkt sie gar nicht mehr an sie.

Aber als der Freund nicht mehr in der Clique auftaucht, als die Klassengemeinschaft mit dem Abitur geendet und sich in alle Himmelsrichtungen verstreut, als nach Jahren, sie weiß schon nicht mehr, wie lange sie fort ist von dort, was man Zuhause nennt, als eines Abends ihre Mutter plötzlich vor ihrer Wohnungstür steht, mit zwei Koffern neben sich und: »Wie schön, dass Du da bist, ich war gestern Abend schon hier, hab' in der Bahnhofsmission übernachtet. Und jetzt kann ich bei Dir ausschlafen.« Da beginnt alles wieder von vorn.

Anfangs hofft sie, die Mutter würde nach einigen Tagen, dann wenigstens nach Wochen wieder verschwinden. Aber das wagt sie nicht zu äußern. Fanny kann nur hoffen und aushalten und die Fäuste an die Schläfen pressen, wenn Kopfschmerzen sie überfallen, wie in ihrer Kindheit.

Wie damals, wenn sie zuhause die Küche aufgeräumt hat, die Mutter liegt den ganzen Tag im Bett, Migräne nennt sie das. Wenn sie aus der Schule mittags heimkehrt, die Essensreste vom Vorabend in den Müll geworfen, für die Geschwister und sich eine schnelle

Mahlzeit zubereitet. Wenn die Mutter immer wieder nach ihr gerufen, manchmal geschrieen hat. Da kann sie nur die Ohren zumachen, und wenn es zu schlimm wird, auch noch die Finger hineinstecken. Und der Mutter endlich den heißen Kamillentee bringen, ihr gut zureden, sie zudecken, ihr einmal übers Haar streichen. Ihre Haut anzufassen, schaudert sie, so gelb und so faltig. Und als die Mutter endlich für kurze Zeit eingeschlafen wie ein kleines Kind daliegt, zur Seite gerollt, mit offenem Mund zu schnarchen beginnt, geht Fanny wieder in die Küche, den Abwasch erledigen, nach den Schularbeiten des Bruders sehen, einen Streit zwischen den Kleinen schlichten. Spätabends kommt sie selber erst dazu, sich an den Küchentisch zu setzen. Einen anderen Arbeitsplatz hat sie nicht. Die Mutter im einzigen großen Zimmer. Das Kinderzimmer für die drei Geschwister. Und Küchentisch und Klappcouch für sie.

In der Schule am Vormittag, da hat sie ihre Ruhe, kann nachdenken, aus dem Fenster schauen, ihren Gedanken nachhängen – schon damals, aber noch hoffnungsvoll. »Wenn ich erst groß bin, mit fünfzehn, sofort aus der Schule, Geld verdienen und sparen. Und dann fahre ich in die große Stadt – ich ganz allein.« Das ist immer das Ende ihrer Phantasie und der Ausblick in eine bessere Zukunft. Einmal wird ihr eigenes Leben kommen, das nur ihr gehört.

Und jetzt ist die Mutter gekommen. Liegt im Bett, lässt sich verwöhnen, jammert, wenn Fanny einkaufen gehen muss, samstags oder am Abend nach ihrem Arbeitstag, sagt immer wieder: »Wenn ich dich nicht hätte.« Aber mit einem seltsam drohenden Unterton. »Verlass mich nur nicht, dann wirst Du schon sehen, was passiert.«

Einmal, Fanny ist zehn oder elf Jahre alt gewesen, hat die Mutter, als sie aus der Schule kam, tief schnarchend mit einem ganz weißen Gesicht im Bett gelegen, neben sich ein leeres Arzneiröllchen und ein halbleeres Wasserglas. Fanny hat den Notarzt kommen lassen.

Die Mutter für Wochen im Krankenhaus und danach zur Kur, weit weg. Fanny hat erstmalig aufgeatmet und Haushalt, Schule, Versorgung der Geschwister wie eine Belohnung empfunden. Aber die Mutter ist zurückgekehrt. Alles hat wieder von vorn begonnen.

Was ist das eigentlich: Kind sein? Fanny empfand es wie ein Fremdwort. Es knirschte zwischen den Zähnen, gab keinen guten Geschmack im Mund.

Kindsein: die kleineren Geschwister versorgen, seit dem achten Lebensjahr. Nur immer das Schlimmste gerade noch verhindern können. Alles zusammenhalten. Das Chaos aushalten, das in den Ecken der miesen, viel zu kleinen Wohnung lauert, es aufhalten, damit es sich nicht auch noch in der Küche ausbreitet.

Kindsein: den Kopf einziehen, wenn ein großer Mann auf der Straße auf ihre Haustür zugeht und fürchten, er könne bis in den vierten Stock nach oben kommen, mit einem Schreiben vom Amt und die Mutter mit ernster Stimme ermahnen, endlich die Termine wahrzunehmen.

Kindsein: die Mutter der Mutter zu sein. Und immer wieder ihre Ausbrüche ertragen, die unweigerlich kommen nach einem Tag im Bett, apathisch, verdunkelte Fenster, mittags Kamillentee und »Wenn ich Dich nicht hätte, meine Große.« Und dann am Abend, plötzlich, sie sitzt mit den Geschwistern beim Essen, froh, alles geschafft zu haben, gerade noch die Wäsche hereingeholt, ehe es regnet, wankt die Mutter in die Küche, lässt sich auf die Couch fallen, Fannys Couch, und schreit: »Der hat mich versaut. Der hat mich auf dem Gewissen. Der hat Euch das Leben versaut. Scheißkerl. Der kommt mir nicht mehr!« Und das viele Male wiederholt, ehe sie endlich zusammensackt und schluchzt. »Der« ist Fannys Vater. Sie hat ihn nie kennen gelernt. Sie ist zwei Jahre alt, als er die Mutter verlässt. Die beiden haben sich aber immer wieder getroffen, versöhnt, ehe es wieder zum Streit und zur Trennung kommt. Die Mutter behauptet, dass alle vier seine Kinder seien.

Er habe sie alle auf dem Gewissen. Die Geschwister essen ruhig weiter. Sie kennen das schon. Und Fanny wartet, dass die Mutter endlich wieder im Bett verschwindet und sie ihre Schularbeiten machen kann, ehe es wieder zu spät ist wie so oft und sie sich nur noch völlig übermüdet auf der Couch zusammenrollen kann.

Und nun ist sie doch wieder gekommen. Sie, von der Fanny gehofft hat, sie endlich und für immer hinter sich gelassen zu haben.

Nach Wochen vergeblichen Wartens, nach Monaten, in denen sich nur das alte Muster zwischen ihnen abspielt, bleibt Fanny kein anderer Ausweg als der völlige Rückzug. Sie geht nicht mehr zur Arbeit, wird krank, liegt nun selber im verdunkelten Zimmer, apathisch, spricht nicht, isst kaum und kümmert sich um nichts mehr. Das erschreckt die Mutter. Eines Morgens steht sie, wie bei ihrem Kommen, neben ihren beiden Koffern, in der geöffneten Wohnungstür und ruft zurück in den Flur: »Ich ruf' dich an, wenn ich heute Abend zu Hause bin. Mach's gut. Und schönen Dank für alles.« Fanny steht nicht einmal mehr auf, um sie zu verabschieden und nimmt auch den Hörer in den folgenden Tagen nicht ab. Endlich schweigt selbst das Telefon. Und Fanny will nichts anderes mehr als nur noch allein sein. Sie findet ihre Ruhe, wenn niemand etwas von ihr will, wenn der Alltag sie nicht mit seinen kleinen und großen Aufgaben auffrisst.

Sie geht wieder arbeiten, kann es aber nicht länger als zwei Monate aushalten, braucht immer wieder neue Krankschreibungen. Einmal ein langwieriger Infekt, ein anderes Mal ein verstauchter Fuß. Schließlich steht auf der Mitteilung an die Krankenkasse: »Schwere depressive Verstimmung mit chronischer Migräne.«

Als sie zufällig eines Abends in der Stadt einen der Freunde aus der ehemaligen Clique trifft und der sie einlädt, mitzukommen, zu Jochen, der habe da eine fabelhafte Sache aufgetan, das täte ihr sicherlich auch gut, als sie erstmalig und danach noch einige Male Gras raucht, da erschrickt sie. Fürchtet sich, als sie merkt, dass sie sich nur in den kurzen Stunden des Rausches selber spüren kann. Bunt. Vielfarbig. Lebendig. Dass sie solche Empfindungen im Alltag gar nicht mehr kennt.

Sie sucht und findet therapeutische Hilfe, erst einzeln, dann in der Gruppe. Endlich ist da jemand, der ihr zuhört, der sie fragt, den sie interessiert. Endlich kann sie ›alles‹ erzählen, ohne sich schämen oder etwas vertuschen zu müssen. Endlich bekommt das Wort Zukunft wieder einen Klang, der sie nicht mehr erschreckt.

Sie rafft sich noch einmal auf, mobilisiert ihren Mut und absolviert mit weit über dreißig Jahren eine soziale Ausbildung. Mit Erfolg. Nach einer kurzen arbeitslosen Zeit bekommt sie ihre jetzige Stelle vermittelt, frischt Bekanntschaften auf mit Frauen, die sie von wenigen Seminaren her kennt. Sie besucht wieder Kurse an der Volkshochschule, voller Wissbegier.

Und zwei, drei Mal nimmt sie eine Untermieterin in ihre Wohnung auf. Aber das hält nicht lange an. Stets hält sie die andere nicht mehr als wenige Wochen aus, immer in der diffusen Angst, die könnte auf einmal etwas von ihr fordern. Was, kann Fanny nicht sagen. Nur wenn sie allein in der Wohnung lebt, fühlt sie sich geschützt.

Es war inzwischen ganz dunkel geworden. Fanny saß noch immer am geöffneten Fenster. Irgend etwas war heute anders als sonst. Was fand denn nur Frau Nickel an ihrer Mitarbeit in der Tagesstätte so erfreulich?

Doch, es war einmal schon alles anders gewesen. Aber wie wieder dorthin gelangen?

Auch an diesem Abend ging Fanny spät schlafen, nachdem sie etwas zum Essen in der Küche gefunden hatte, schloss das Fenster im Zimmer und zog sich im Dunkeln aus. Sie wusste immer noch nicht, wie sie sich entscheiden würde.

Oder ob sie nicht einfach morgen früh, gleich in der Frühstückspause mit Frau Nickel sprechen und versuchen sollte, ihr alles zu erklären? Und dann vielleicht …

Niemand

Niemand ruft an
Niemand schreibt einen Brief
Niemand klingelt an der Haustür
Niemand öffnet wenn ich nach Hause komme
Niemand hört zu wenn ich Freude mitbringe
Niemand tadelt die Beulen in meinem Auto
Niemand deckt mir eine festliche Tafel
Niemand will von mir sein Lieblingsgericht
Niemand sagt »Guten Morgen«
Niemand sagt »Gute Nacht«
Niemand fragt ob ich gut geschlafen habe
Niemand bemerkt mein neues Kleid
Niemand will wissen ob ich französisch parliere
Niemand will wissen wie mir Englisch gefällt
Niemand schenkt mir Blumen
Niemandem bringe ich Blumen
Niemand sitzt an meinem Bett wenn ich krank bin
Niemand versorgt meine Wunden
Niemand braucht meine Hilfe
Niemand kommt an
Niemand verlässt mich
Niemand erinnert sich mit mir
Niemand schaut mit mir in den Sonnenaufgang
Niemand fragt warum ich schweigsam bin
Alle sagen »Schön dich zu sehen«
Niemand aber ruft an
Niemand schreibt einen Brief
Niemand klingelt

Christina Goetze [6]

6 aus »Ins Wort geholt«, Gedichte, Geest-Verlag, Vechta, 2007, S.46

Ein offenes Ende. Aber ich vermute, dass Fannys Leben anders als bisher weitergehen kann, wenn es ihr gelingt, mit ihrer Vorgesetzten zu sprechen und sich ihr anzuvertrauen. Frau Nickel scheint eine warmherzige Frau zu sein, mit offenen Augen für die verborgenen Nöte anderer.

Fanny ist ihren frühen Erfahrungen als Kind und den alten Beziehungsmustern ausgeliefert, noch heute. Trotz all ihrer Bemühungen.

Als Kind nicht wie ein Kind leben zu können, die jüngeren Geschwister viel zu früh versorgen zu müssen und die ›Mutter‹ einer völlig hilflosen und im Grunde infantilen Mutter sein zu müssen: das hat Fanny eine Verantwortung abverlangt, die sie überforderte, bei der sie selber nicht mehr vorkam. Eine Aufgabe, die sie seelisch ausbeutete und ausbluten ließ. Sie hatte die häusliche Situation auszuhalten gelernt, indem sie ihre altersgemäßen Bedürfnisse zurückstellte und ihre Gefühle in den Untergrund schickte. Nur ihre vagen Tagträumereien hielten Fanny mühsam am emotionalen Leben.

Die Überforderung in der Kindheit und der ständige Druck, inneres und äußeres Chaos in ihrer Familie abwehren zu müssen, das erlebt Fanny ständig neu, in immer anderer Gestalt. Sie transportiert schließlich diesen Druck auf ihre gegenwärtigen Arbeits- und Freundschaftsbeziehungen. Bisher kann sie nur entkommen, wenn sie sich völlig zurückzieht und in ihrer Wohnung einigelt – trotz immer neuer Versuche aus dem Rückzug wieder herauszukommen. Das flutende, pulsierende Leben mit seinen Licht- und Schattenseiten lässt sich nur ertragen aus der Vogelperspektive, am geöffneten Fenster im dritten Stock.

Fanny hatte den Kontakt zur Mutter abgebrochen und gemeint, sie hinter sich gelassen zu haben. Und doch wird sie nochmals von ihr eingeholt. Sie kann sich schließlich nur in die Migräne flüchten – das gleiche Symptom wie das der Mutter früher – um sich vor deren Versorgungsansprüchen zu schützen. Aber auch als die Mutter sie endlich wieder allein lässt, bleibt sie den aufgebrochenen, nicht zu bewältigenden Empfindungen und Erfahrungen ausgeliefert. Da bietet sich ihr die Drogenszene an. Ein verzweifelter Versuch. Wenigstens für die Zeit des Rausches findet sie wieder Zugang zu den eigenen Wünschen, Sehnsüchten und Gefühlen.

Aber sie bleibt nicht stecken, sondern flieht jetzt in die richtige Richtung, holt sich fachliche Hilfe. Und findet sie auch.

Wie viele wie Fanny mögen wohl unter uns leben, denen das nicht gelingt, die nicht an die ›richtige Adresse‹ geraten.

Und doch: es bleibt für mich offen, ob es Frau Nickel, dem einzigen Menschen, zu dem Fanny ein vages Vertrauen fasst, gelingen wird, den Schleier wegzuziehen, den sie über sich gebreitet hält, aus Angst vor immer neuen Forderungen und Überforderungen. Den Schleier aus Distanz und Rückzug.

Der Schluss bleibt offen. Es bleibt die Hoffnung auf ein doch noch gelingendes, emotional und sozial befriedigendes, zumindest balanciertes Leben.

Georg

Gleich nach dem Abendessen verabschiedete sich Georg mit seinem üblichen »Ich geh arbeiten«, nebenbei dahin gesagt, hörte noch Giselle sagen: »Du könntest doch auch mal ...«, hörte aber schon nicht mehr, was er denn könnte. Und er stieg hinab an seinen Arbeitsplatz im Keller, knipste seine kleine Tischlampe an und vertiefte sich in den letzten Katalog.

Jeden Abend, heimgekehrt von seiner Arbeit als Buchhalter in einem kaufmännischen Betrieb und nach dem Familienabendessen, stieg er hinab. Um Zeitung zu lesen, oder im Katalog der Märklin–Eisenbahn zu blättern, oder um den gerade neu eingetroffenen Waggon genau zu überprüfen. Schließlich setzte er sich an die Notizen für den jährlichen Katalog seiner Firma. Diesen zusätzlichen, schlecht bezahlten Auftrag hatte er nur übernommen, um das Familienbudget aufzubessern, wie er nicht müde wurde zu betonen. »Das tue ich doch nur für euch« war einer seiner stereotypen Sätze.

Aber eigentlich war er froh, dem Geschehen im Einfamilienhaus entkommen zu können, tauchte nur kurz zu den Abendnachrichten nochmals auf und hörte nicht mehr, wenn Hanna und Heinz, die beiden Älteren, 13- und 15-jährig, sich um das nachfolgende Fernsehprogramm stritten. Er hörte schon gar nicht mehr hin, wenn das Nesthäkchen Claudia rummaulte. Georg verzog sich wieder in seine Klause, aus der er erst zum Schlafengehen auftauchte.

Vor vier Jahren hatte er sich den Kellerraum eingerichtet und den abendlichen Abstieg angewöhnt.

Den pubertierenden Großen fühlte er sich nicht mehr gewachsen, seitdem sie auf sein strenges: »Komm her, wenn ich mit dir rede!« nicht mehr reagierten. Sie parierten nicht mehr, protestierten gegen seine barschen Nachfragen, wegen der letzten

Klassenarbeit, gegen seine Ordnungsvorstellungen – »Räum endlich dein Zimmer auf, wie sieht das denn wieder aus!« Sie gaben Widerworte! So etwas kannte er, Georg, von zu Hause nicht, wie er immer wieder betont hatte, bevor er sich resignierend ins Schweigen zurückzog.

Als sie noch klein waren, hatte er mit ihnen gespielt, stundenlang, am Wochenende und auch sonst. Aber als er Heinz seine Eisenbahn präsentierte, mit Stolz und noch im Wohnzimmer, da fing der Junge doch tatsächlich an, einfach die Schienen umzubauen. Georg beklagte sich bei Giselle darüber, aber sie äußerte nur lapidar: »Du musst eben mehr auf das Kind eingehen und nicht bloß durchdrücken, was du willst.« »Aber wo kämen wir denn da hin?« Es verschlug ihm die Sprache – seine eingeübten und, wie er fand, bewährten Erziehungsgrundsätze einfach zu ignorieren! Als später Heinz und auch Hanna seufzend über den Schularbeiten saßen, konnte er nicht mithalten. Als Hanna mit elf Jahren sich nicht mehr sagen lassen wollte, mit wem sie befreundet zu sein hätte – da verstand er die Welt und ganz besonders Giselle nicht mehr. Giselle, die als Mutter ihre Autorität doch völlig aufgäbe, wie er fand, wenn sie mit den Heranwachsenden diskutierte, ihre Einwände hörte, erörterte, anstatt einfach: »Schluss Punkt Aus!«, zu sagen, wie er das getan hätte. Als Hanna sich schließlich nicht mehr von ihm trösten ließ mit: »Ach, morgen ist alles wieder gut!«, sondern lieber bei der Mutter Schutz suchte, fühlte er sich als Vater vollends überflüssig.

Er verschwand fortan in seinem Keller. Die beiden Großen durften ihn nicht betreten. Er richtete sich im Laufe der Zeit den Raum schlicht, aber halbwegs gemütlich ein, mit einem ausgemusterten Sofa, mit Leselampe, Fußbänkchen, einem ordentlichen Schreibtisch, Regalen an den Wänden – und viel Platz für seine Eisenbahn! Die hatte er sich Stück für Stück zusammengespart, zusammengewünscht zu allen Festtagen, und sich so einen Kindertraum erfüllt.

Inzwischen tauchte er nicht nur an den Abenden, sondern auch am Wochenende ab, sofern er nicht im Garten Laub zu harken, Unkraut zu jäten hatte oder den Komposthaufen akkurat und neu anlegen musste. Das war seine Aufgabe, die durfte ihm keiner streitig machen.

Manchmal besuchte Georg den Nachbarn, der wie er ein Eisenbahnfan war, und sie palaverten lange. Dann konnte es geschehen, dass er mit einem ganz hellen Ausdruck im Gesicht nach Hause kam. Aber die Zufriedenheit verging ihm schnell, wenn er die Unordnung in der Küche sah. Wieso hatte Giselle nicht längst den Abwasch erledigt, sondern saß mit Hanna im Wohnzimmer und beide erzählten, kicherten. Oder wenn Heinz nicht wie vereinbart um 18 Uhr, sondern eine halbe Stunde später nach Hause kam und: »Mensch, Mama, du hättest dabei sein müssen ... war einfach super!« sagte und Giselle sogar noch Näheres über das Fußballspiel wissen wollte. Nein, das hatte es bei ihm zu Hause früher nicht gegeben. Das wäre nicht möglich gewesen. Da wäre aber Vater ausgerastet. Und was das bedeutete, daran konnte Georg nur ganz verschämt denken.

»Ich muss arbeiten«, war seine Antwort, wenn die Kinder anfangs noch fragten: »Papa, kommst du morgen mit nach ...?« »Papa, guck mal ...«. Dann gaben auch sie es auf. Und mit Giselle? Tja – sie hatten sich eigentlich nichts mehr zu sagen. Er hatte sich das auch mal anders vorgestellt. Aber was konnte er denn schon machen! Was soll's. Immerhin gab es seinen Keller, die Märklin-Eisenbahn und seine zusätzliche kleine Verdienstmöglichkeit. Er war schließlich der Verdiener für die Familie! Da hatte man schon mal Sonderrechte.

Obwohl – Rechte? Besaß er die eigentlich? Und welche? Manchmal kamen Zweifel in ihm auf und ließen sich nicht einfach runterschlucken. Wenn er daran dachte, dass es immer so weitergehen würde, bis zur Rente – und dann? Sicherlich, in der Firma schätzten sie ihn, besonders der Chef. »Wenn wir Sie nicht hätten!« Auch so ein stereotyper Satz. Immer dann gesagt, wenn eine knifflige Frage anstand, die Abrechnung eines Kunden nicht stimmte, das Finanzamt wider Erwarten nachfragte. Aber beim wöchentlichen Stammtisch der Kollegen ließ er sich nicht sehen, vor der jährlichen Weihnachtsfeier wurde er krank. Nein, er war mit keinem der Kollegen oder gar Kolleginnen näher vertraut. Arbeit und Privat musste man strikt auseinander halten. Nichts Persönliches preis geben! Und Freunde aus der Jugendzeit gab es keine.

Nur bei Alfred, dem alten Nachbarn, da konnte er sich manchmal vergessen und einfach erzählen, von früher, als noch alles so anders war. Als seine Mutter nach dem Tod von Vater auf einmal sich anderen Senioren anschloss, mit ihnen Ausflüge und längere Reisen unternahm und bei einer dieser Unternehmungen tödlich verunglückte. Welch grässliche Stimmung zu Hause geherrscht hatte nach Tante Lenchens Übersiedlung ins Heim. Aber nichts von heute. Nein, das ging nur ihn etwas an.

Wie es wohl weitergehen würde? Georg hatte mit seinen 49 Jahren im Beruf erreicht, was zu erreichen möglich war. Und Familie hatte er auch, wie er es sich gewünscht hatte. Aber – hatte er denn Familie? Das wusste er in letzter Zeit nicht mehr so recht.

Wie das wohl anderen Männern in seinem Alter ergeht? Da müsste er doch direkt mal Alfred darauf ansprechen.

Schattenhaftes

Wenn die Sonne sinkt
die Silhouetten der Bäume
mächtig werden
wache ich auf
wische mir den Schlaf
aus den Händen

Spüre Träume sich nahen
wachsen hinter dem Rücken
ich wende den Kopf nicht zur Seite

ein Gedankenblick genügt
sie zu verscheuchen
und sie flattern davon

Ich schicke mein Tageswerk schlafen
und atme die Nacht ein
Dunkel empfangend
verharre ich reglos
Rücken an Rücken
mit meinem Schatten

Nach gängigem Verständnis ist Georg kein einsamer Mensch! Er lebt in einer Familie, ist in seinem Beruf fest eingebunden, hat Arbeitskollegen – auch wenn wir nichts von ihnen erfahren. Sie scheinen für ihn kaum eine Rolle zu spielen.

Beim genauen Hinschauen entdecken wir vielleicht in unserer Freundschaft, Nachbarschaft, Verwandtschaft etliche solcher latent einsamer Menschen, besonders Männer.

Die Krise steht noch aus. Georg konnte ihr bisher entgehen, indem er seinen Lebensraum verengte, die Beziehung zur Familie einfror und zu Befreundeten erst gar nicht aufbaute. Bis auf eine – die zum Nachbarn. Bleibt zu hoffen, dass von ihm einmal ein Anstoß kommt, der Georg in Bewegung bringt – vielleicht. Immerhin verspürt Georg in letzter Zeit Zweifel an seinem Maulwurfsdasein.

Mit seiner Frau verbindet ihn schon längere Zeit eigentlich nichts mehr, sie haben sich nichts mehr zu sagen, ihre Gespräche beschränken sich auf knappe, kurze Verständigungen über Haus, Garten, schulische Angelegenheiten der Kinder. Nur den jährlichen Urlaub verbringt Georg noch immer mit Kindern und Frau, wie es sich gehört.

Als seine Kinder klein waren, verspürte er ein wenig Freude, spielte gern mit ihnen. Wollte er etwas nachholen? Wollte er ihnen sogar ein besserer Vater sein als er es selber erlebt hatte?

Aber als die Kinder heranwuchsen, in die Pubertät kamen und nicht mehr »pflegeleicht« waren, als seine verinnerlichten Erziehungsgrundsätze ihnen nicht mehr Stand hielten, da zog er sich in Hilf- und Sprachlosigkeit und schließlich in seinen Keller zurück. Immerhin – dort gab so etwas wie ein Geheimnis, dort erfüllte er sich einen Kindheitswunsch.

Seine eigene Kindheit schien wie eine schwere, wenn auch vorbewusste Hypothek auf seinem Leben zu lasten. Welche Erfahrungen mit seinem Vater hielt er in sich verschlossen? Und wir können nur vermuten: auch mit der Mutter – die erst auflebte, als ihr Mann gestorben war, und die dann selber sehr schnell ihr Lebensende erreichte.

Typisches, unabwendbares, männliches Schicksal? Ein introvertierter Charakter? Tüchtig im Beruf – in der Familie ein »Versager«?

Aber es gibt da noch eine Chance. Er empfindet in letzter Zeit Zweifel an seiner Lebensweise. Wenn sich diese Zweifel zur Krise vertiefen würden – in unserer Zeit, in der ja auch Männer ihre Midlife Crisis haben dürfen – dann könnte es geschehen, dass er seinem Leben einen neuen Sinn geben kann und eine »Aufgabe«, seine Lebensaufgabe findet. Aber Georg wird sicherlich einen guten Begleiter brauchen, der ihm zuhört, der ihm sanft »auf die Sprünge hilft«, der ihm beisteht, einen Teil der im Untergrund wirkenden kindlichen, wohl traumatischen Erfahrungen anzuschauen. Dann vielleicht ...

Helga

Sie saß auf dem Stuhl. Saß einfach nur da. Seit drei Stunden. In der Zelle des Untersuchungsgefängnisses. Die Tür abgeschlossen. Helga atmete auf. Endlich war es zuende. Dieses ständige Umziehen. Ständig neu sich verbergen. In der Großstadt, obwohl sie dort niemand kannte. Und doch Angst, entdeckt zu werden. Nein, nicht sie. Aber ihre Blumenkästen durften doch nicht entdeckt werden.

In dieser Nacht schlief Helga tief. Einen Schlaf der Erschöpfung. Die letzten Tage waren aufreibend gewesen. Sie wollte nicht mehr daran denken. Schließlich hatte die Polizei alles herausgefunden. Einige der Männer hatten gar nicht so ausgesehen, wie sie sich »Bullen« vorstellte. Ganz unauffällig. Wenn sie denen sonst auf der Straße begegnet wäre, hätte sie sich nicht einmal nach ihnen umgedreht.

Am nächsten Abend konnte Helga lange nicht einschlafen. Die Staatsanwältin hatte sie stundenlang verhört. Dafür war sie in einen extra Raum geführt worden. Aber sie wusste doch auch nicht mehr, als sie schon gesagt hatte. Sie blickte ängstlich zu der Frau im schlichten Kostüm auf. Mit Augen wie ein Kind, dachte die Staatsanwältin, obwohl Frau K. doch schon einundvierzig Jahre alt war.

Spät schlief Helga ein. Ihr fehlte der Schlaftrunk.

Die Staatsanwältin gab es nach weiteren Versuchen in den nächsten Tagen auf. Dafür träumte Helga in der Nacht so lebhaft wie nur in ihrer Kinderzeit. Sie sprang vom Bett auf, wollte nach draußen, stieß sich kräftig am Schrank ihrer Zelle und wachte auf. Sie wusste nur noch, dass sie ihrer Mutter hinterher laufen und sie fragen wollte, weshalb denn –. Die Mutter hat sie angeschaut, mit dem abschätzenden Blick, mit dem sie Helga immer angeschaut hat. Und dann hat sie sich umgedreht und ist gegangen. Helga wollte sich aber nicht mit ihren Schwestern vergleichen lassen. Suse ist jünger als sie, Doro zwei Jahre älter. Sie wollte der Mutter endlich sagen – aber was, erinnerte sie nicht mehr.

Mittags sprach Helga das erste Mal die Wärterin an, die ihr das Essen in die Zelle brachte. In ihre Einzelhaft. »Kann ich nicht mal etwas mehr Freigang haben? Oder ein paar Stunden Arbeit? Gleich welche.« Die Frau versprach nachzufragen.

Den Nachmittag über saß Helga wieder auf ihrem Stuhl am Fenster, aber ohne hinauszuschauen. Saß nur da. Tat nichts. Dachte nichts. Wie immer, wenn sie allein war. Sie war die meiste Zeit ihres Lebens allein gewesen. Oder hatte sich allein gefühlt. Auch früher zu Hause.

Auf dem Stuhl kommen die Erinnerungen. Und sie führt Selbstgespräche. Jede neue Erinnerung löst weitere Selbstgespräche aus. Sie kann gar nicht damit aufhören. Helga ist den Tränen nahe.

Wieso kommt das alles auf einmal hoch? Das liegt wohl daran, dass ich hier keinen Sprit bekomme. Das kommt davon, wenn man nichts Richtiges zu trinken bekommt. Wieso eigentlich! Ich bin doch schließlich auch wer – wenn auch der letzte Dreck. Das sagte Kurt immer.

Ja, Frau Staatsanwalt, ich mache mir Sorgen! Wer pflegt denn jetzt die Blumenkästen? In jeder neuen Wohnung habe ich als erstes die Kästen nach draußen gestellt. Ich habe nur dann die Wohnung genommen, wenn sie einen Balkon hatte. Ich habe jedes Mal genau auf die Kästen aufgepasst und sie nicht aus den Augen gelassen, wenn sie herauf getragen wurden. Erst einen, dann zwei, schließlich fünf. Hübsche Kästen, aus Holz. Groß. Sehr groß. Ich hab sie mir was kosten lassen. Und gefüllt bis zum Rand. Die Gräser und Hahnenfußpflänzchen sahen richtig hübsch aus. Die Vögel müssen sie wohl eingeschleppt haben. Und dann abends raus auf den Balkon, wenn ich gegessen und die Küche aufgeräumt hatte. Da sind sie mir nahe. Da spüre ich etwas. Was? Hab kein Wort dafür. So etwas wie Nähe? Vielleicht. Aber nicht lange. Dann aufstehen, das erste Bier aus dem Kühlschrank holen, dann das zweite und dritte und schließlich den Wodka. Von irgend etwas muss man ja leben!

Fünf ist eigentlich ein schönes Kind gewesen. Mit schwarzen Haaren. Ein Mädchen. Geboren, und dann war es eben tot. Ja, Eins und Zwei habe ich ... naja, gut, wenn Sie es so haben wollen, ich hab sie umgebracht. Wie? Das habe ich Ihnen doch schon erzählt. Aber wie Drei, Vier und Fünf gestorben sind, kann ich Ihnen wirklich nicht sagen. Ich erinnere mich nicht. Woher soll ich das denn auch wissen? Wissen Sie noch alles, was Sie vor zwei, drei und vier Jahren gemacht haben?

Meine Güte, immer wieder hat die Frau Staatsanwalt gefragt! Aber was sollte ich ihr antworten? Ich hab's Ihnen doch schon gesagt. Ich weiß es eben nicht mehr.

Die Frau ist eigentlich sehr freundlich. Sie hat mich so angeschaut. Und zugehört. So eine hätte ich mir früher als Mutter gewünscht..

Meine allerersten beiden Kinder habe ich noch ordnungsgemäß in der Klinik zur Welt gebracht. Die zwei haben auch Namen. Christoph und Anja. Ich hab sie lange nicht mehr gesehen.

Nein, bei Eins ist es anders gewesen. Da bin ich in ein kleines Hotel geflüchtet. Rechtzeitig, ehe die Wehen einsetzten. Und als es soweit war, die Tür abgeschlossen. Für alle Fälle. Es dauerte nicht lange. Erst biss ich die Zähne zusammen, dann ließ ich die Schreie doch heraus, aber nur leise. Scheußlich! Aber früher zu Hause hab ich auch nicht rumschreien dürfen. Meine Mutter sagte immer, wenn ich mir mal die Kniee aufgeschlagen hatte: schrei nicht so rum! Was danach kam? Ach ja, Pressen, aber wie! Pressen Sie doch, hat mich die Hebamme angeschnauzt, das allererste Mal bei Christoph. Als dann Eins endlich zwischen meinen Beinen auf dem verschmierten Bettlaken lag – oh, hab ich mich für das Laken geniert! – da habe ich es noch angeschaut. Zwei auch. Das war auch ein Mädchen. Auf Drei und Vier und Fünf kann ich mich nicht mehr besinnen. Oder doch. Es könnte sein, dass Fünf einfach aufgehört hatte zu atmen. Es ist ein Mädchen gewesen. Das weiß ich noch genau.

Ja, es muss sie alle einmal gegeben haben. Eins und Zwei und Drei und Vier und Fünf. Schließlich gibt es fünf Blumenkästen.

Danach immer das gleiche. Einige Wochen Ruhe. Zur Arbeit bin ich dann nicht gegangen. Und – ja, was noch? Auf jeden Fall täglich genügend Sprit holen. Irgendwann kommt er dann wieder, ist freundlich, fragt, wir vertragen uns, gehen zusammen ins Bett. Nein, ich will nicht mehr daran denken, ich hab gestöhnt, vor Lust oder Schmerz, das ist wohl dasselbe, er wirft sich auf mich, ich halt mich an ihm fest, sage aber nichts. Sonst geht er gleich wieder. Morgen früh ist es sowieso vorbei. Immer wieder diese komische Hoffnung, er könnte mich doch vielleicht – ja, was denn? Lieben? Ja. Nein. Oder doch. Und dann »gehen die Wochen wieder gleichförmig dahin, wie die Wolken, die man nicht sieht am regenschweren Himmel«. Den Satz hab ich mal gelesen, stimmt aber genau!

Es konnte ja gar nicht sein. Aber die Blutungen sind schon mal wieder ausgeblieben. Naja, das soll ja vorkommen. Bloß nichts spüren. Und allmählich die abendlichen Spritrationen erhöhen. Jetzt auch schon tagsüber. Nein, schwanger bin ich nicht. Wieso fragt sie denn, die Marja! Kollegin und die einzige, mit der ich schon mal mehr als ein paar Worte wechsle und auch nach der Arbeit schon mal ein Bier trinken gehe. Wieso denn ich. Ich lebe doch allein. Mein Mann besucht mich nur selten, wohnt woanders, lebt mit einer anderen. Christoph und Anja leben dort. Wie es ihnen geht? Weiß ich nicht mehr. Und ich – mich braucht Kurt doch nicht. Wozu auch. Ich brauche den abendlichen Sprit. Da kann ich gut schlafen. Einfach wegsacken bis zum Wecker am Morgen. Irgendwann habe ich dann mehr getrunken, da muss ich auch schon mal zuhause bleiben, mich krank melden, liegen bleiben, sonst dreht sich alles. Und dann – irgendwann …

Ja, aber Frau Staatsanwalt, ich kann mich wirklich nicht mehr besinnen. Das habe ich Ihnen doch schon gesagt. Fünf sollen es gewesen sein? Naja, ich gebe es ja zu, die ersten beiden habe ich erstickt, gleich danach, sie sollten doch ruhig sein, nicht so schreien. Das konnte doch sonst jemand hören. Ich habe sie zugedeckt, ganz warm, mit einem weichen Tuch. Und dann fest zugedrückt, bis ich nichts mehr gespürt habe, unter dem Tuch. Wenn ich es nicht mehr gehört habe, dann war es auch nicht. Und am nächsten Morgen beiseite geschafft. Wenn ich es nicht mehr gesehen habe, war es vielleicht auch nicht wahr. Ich weiß nicht mehr, wann ich den ersten Blumenkasten besorgt habe. Als es angefangen hat zu stinken. Da sah es schon gar nicht mehr wie ein Baby aus. Da war schon nicht mehr viel von ihm übrig. Aber sie sollten doch wenigstens auch in die Erde kommen, wie jeder anständige Mensch, wenn er tot ist.

Ob ich nicht mütterliche Gefühle empfunden habe? Aber ich bitte Sie, Frau Staatsanwalt, ich wusste doch gar nicht, dass ich schwanger bin. Nein, ich war doch gar nicht schwanger. Und Mutter sein? Ich kenne nur meine Mutter, aber die war nicht mütterlich. Die war nur streng, oder wie soll ich das Ihnen beschreiben? Die wusste immer, was richtig und falsch ist und wo es lang geht, aber da wollte ich nicht lang gehen! Ja, ich nicht!

Naja, von Christoph und Anja bin ich die Mutter, aber die leben ja schon lange nicht mehr bei mir. Darüber war ich ganz froh. Immer diese bläkenden Bälger, immer wollten die was!

Was meinen Sie denn eigentlich mit mütterlichen Gefühlen?

Ob ich – was? Abgetrieben? Frau Staatsanwalt, nein, auf den Gedanken bin ich nicht gekommen. Ich war doch gar nicht schwanger. Oder doch. Aber abtreiben? Da hätte ich ja wohin gehen müssen. Da hätten die dann was gemerkt. Nein, das kam gar nicht infrage!

Meine Eltern? Ach, ich bitte Sie! Mit denen war doch nichts anzufangen, die wollten doch lange schon nichts mehr von mir wissen. Seitdem ich siebzehn war. Vater war im Vorstand. Wovon? Weiß ich auch nicht. Meine Eltern hielten etwas auf sich. Was sollten denn die Nachbarn sagen. Ich war eben anders als die Schwestern. Meine Mutter hatte immer wenig Zeit, die arbeitete schließlich, und der Vater nörgelte nur rum, wenn er nach Hause kam. Die Mutter hat mir abends die Schwestern vorgehalten. Ich sollte mir ein Beispiel an ihnen nehmen. Die fragten nicht viel und machten immer ihre Hausaufgaben. Naja, haben ja beide auch die Schule geschafft. Wollte ich aber nicht, mir ein Beispiel nehmen. Wozu auch! Die haben sowieso nur immer an mir rumgemeckert. Hab nach der Schule zu Hause rumgesessen. Ja, natürlich, allein. Mit mir wollte doch keiner was zu tun haben. Was ich da gemacht habe? Weiß ich auch nicht mehr. Nein, Freunde in der Schule hatte ich nicht. Die quatschten doch bloß miteinander – auch über mich. Und später – bin lieber tanzen gegangen, mit vierzehn. Doro ist in den Mädchenkreis der Kirche. Nein, das war nichts für mich. Ich wollte doch leben. Was ich damit meine? Aber Frau Staatsanwalt, was soll ich sagen! Weiß ich auch nicht. Und dann bin ich abgehauen, mit siebzehn, was sollte ich denn noch zu Hause, hab mein Kind in der Stadt geboren. Noch ganz ordentlich, in der Klinik. Die waren da ganz nett zu mir, haben mir sogar eine Adresse gegeben, wo ich mich hinwenden könnte. Aber Kurt hat gesagt, das ist nicht nötig. Wir wohnten dann in der Stadt zusammen. Da kannte uns niemand. Da konnte mir niemand drein reden. Naja, und nach dem zweiten Kind hat er gesagt, nun ist Schluss. Kein Kind mehr. Sonst gehe ich. Gegangen ist er trotzdem. Aber immer wieder gekommen. Und wieder gegangen. Das war eben so. Ich hatte immerhin meine Wohnung, ein Zimmer und Küche, Klo auf der halben Treppe. Das reicht doch aus, oder? Nein, auf der Straße habe ich nie geschlafen. Ich habe immer auf mich gehalten. Wovon ich gelebt habe? Na, ich bitte Sie! Ich hab doch gearbeitet, vierzig Stunden. Nach der Wende, da waren es weniger Stunden. Aber eigentlich war es früher gemütlicher, man schwatzte auch mal miteinander, man guckte schon mal nach den anderen. Da habe ich noch weniger getrunken.

Helga saß auf ihrem Stuhl. Saß einfach nur da. In der Zelle des Untersuchungsgefängnisses. Die Tür abgeschlossen.

Nach Monaten endlich die Hauptverhandlung. Der Termin hatte in der Zeitung gestanden. Die Zuhörertribüne war dicht gefüllt. Etliche waren gekommen, weil sie »Die Kindesmörderin von F«, wie sie nur in der Zeitung hieß, aus nächster Nähe erleben wollten. Sie reckten ihre Hälse, als Helga hereingeführt wurde. Und einige wunderten sich. Die sah ja gar nicht so aus! Sondern sorgfältig gekleidet, freundlich, sogar Lippenstift und Rouge wusste sie zu benutzen, naja, ein bisschen Schatten unter den Augenlidern, wer weiß, wie sie diese letzte Nacht geschlafen hatte. Aber wie ein Monster – nein, so sah sie nicht aus. Eher wie jemand, dem sie alle Tage auf den Einkaufsstraßen begegnen könnten und sich nichts, rein gar nichts dabei denken würden.

Auch die direkten Nachbarn von Helgas letzter Wohnung waren vorgeladen worden. Nein, ihnen wäre nie etwas aufgefallen. Die Frau K. sei immer etwas dick gewesen. Mal mehr – mal weniger. Das hätten sie nicht weiter auffällig gefunden. Und sie hätte immer freundlich gegrüßt. Nein, man habe schließlich mit sich selber genug zu tun, da könne man sich nicht auch dafür interessieren, was denn so ein Mitbewohner treibt. Na so was! Das hätten wir nie gedacht. Das hätten wir ihr nie zugetraut. Na so etwas. Unglaublich! Naja, manchmal seien schon komische Geräusche nach oben gedrungen. Aber man könne sich nicht um alles einen Kopf machen. Und immerhin sei da regelmäßig ein Mann aufgetaucht, Frau K. habe ihn mal vorgestellt, ja, sogar vorgestellt, auf der Treppe und sei nicht einfach vorbei gehuscht wie sonst. Sie habe richtig fröhlich ausgesehen, als sie gesagt habe: »Mein Mann ...«

Nach der Urteilsverkündung saß Helga hinter der Barriere und lächelte. Als ob sie etwas Schönes erlebte. Als ob sie irgendwo ist. Nur nicht in einer Gerichtsverhandlung, in der darüber entschieden worden ist: Mord oder fünffache Tötung. Die Urteilsverkündung hörte sie mit unbewegtem Gesicht an. Hörte sie die überhaupt? Fünfzehn Jahre Gefängnis. Ohne Bewährung. Als sie aufgefordert wurde, sich in einem Schlusswort zu äußern, stand sie auf, lächelte, sagte: «Frau Staatsanwalt, Sie wissen doch ...« und setzte sich wieder. Lächelte noch immer. Auch, als sie von der Wärterin abgeführt wurde.

»Die Sitzung ist geschlossen«. Die Verhandlungsführenden und Schöffen packen still ihre Akten ein. Auch die zahlreichen Zuhörer verlassen den Saal schweigend. Erst draußen bilden sich kleine Grüppchen, die heftig miteinander zu diskutieren beginnen.

Die als Zeugen geladenen Nachbarn beteiligen sich nicht daran. Die Eltern oder gar die Schwestern sind gar nicht erschienen.

Weizenkorn

Nimm den verdämmernden Tag
von deinem Fenster
und lass Licht ein

gelb und honigschwer
oder flirrend und hin getupft –

täglich neu geboren
gewähre Einlass
und vertraue dich
dem Weizenkorn an

Und so wie die Zuhörer noch lange an diesem Abend vor dem Gerichtsgebäude diskutierten und ihre unterschiedlichen Standpunkte austauschten, so mögen auch Sie, die Leserinnen und Leser über Helgas Schicksal nachsinnen und sich fragen, was in dieser Frau vorgegangen sein mag.
Nein, sie einfach abzustempeln als ein »Monster« möge Ihnen nicht gelingen! Auch nicht, durch »kluge« Erklärungen sich ihre Geschichte vom Leibe zu halten – Erklärungen wie: Helga weise eine besondere Form einer abartigen Veranlagung oder gar kriminellen Energie auf.

Wir bleiben hoffentlich Beunruhigte und Fragende.

Helgas Persönlichkeit zeigt heftige Widersprüche auf. Nach außen erscheint sie zwar ihren Mitbewohnern etwas »sonderbar«, aber sie interessieren sich ja nicht für sie. Die Wahrnehmungen der Nachbarn – und letztlich auch der Schwestern und Eltern, die erst gar nicht zum Prozess auftauchen, sind von Gleichgültigkeit geprägt. Helga scheint ihren Alltag zu bewältigen, hat eine feste Arbeit, eine Wohnung, sogar einen Mann, der gelegentlich auftaucht und ihr das Flair von Normalität verleiht. Helga erscheint nach außen angepasst und freundlich, ja, fast unauffällig. Solange nicht jemand genauer hinzuschauen wagt. Dann würde derjenige vielleicht ihre abgrundtiefe Einsamkeit und Beziehungslosigkeit ahnen. Eine Einsamkeit, die fest in ihr verankert ist und nicht mehr die Chance einer Krise zeigt.

Oder ist genau das, was sie vor Gericht und ins Gefängnis bringt, der verzweifelte Versuch, auf irgendeine Weise doch noch aus der Umklammerung der Einsamkeit herauszufinden? Als »es« entdeckt wurde, als die verrotteten Überreste der Säuglingsleichen entdeckt wurden – wie, bleibt mit Absicht in dieser Geschichte offen und wird nicht geschildert – ist sie erleichtert. Nun hat es ein Ende! Vordergründig die Sorge um die Blumenkästen, die inzwischen zur fast nicht mehr tragbaren Last geworden sind. Aber kommt da nicht ein verborgener Wunsch und das Bedürfnis zum Ausdruck, dass sie aus dem immer wiederkehrenden Kreislauf herausfinden möge?

Am Ende der Hauptverhandlung bleibt sie den Zuschauern und

den Beteiligten am Prozess lächelnd in der Erinnerung. So, als könne es nun endlich weitergehen, aber anders als bisher.

Ich selber »verbiete« mir, eine differenzierte psychologische Interpretation abzugeben. Ich möchte nicht die tiefe Not und Verstrickung dieser Frau einfach »wegerklären«.

Die Einsamkeit zeigt in Helgas Geschichte ihr ganz besonderes Gesicht. Schon in der Kindheit, in einer scheinbar normalen Familie nahm sie ihren Anfang. Mütterlichkeit, d.h. zumindest teilweise angenommen sein als die, die sie ist, hat sie nicht erlebt. Nur Regeln und Forderungen. Und verglichen werden mit den anscheinend tüchtigeren Schwestern.

Helga zog sich früh in sich selber zurück, aber ohne ausreichende seelische Ressourcen. »Sie saß einfach da ...«. Und doch hungerte sie nach Leben und Erfahrungen, die sie lebendig werden lassen. Ihre seelische Disposition ließ sie einen Mann »wählen«, der sie auch nicht wahrnahm und nach dem zweiten Kind erklärte: Schluss, sonst gehe ich. Als ob sie allein als Frau für eine Schwangerschaft verantwortlich sei! Ein Mann, der selber in sein Ego-Gehabe verstrickt war. Der sich ein anderes »Zuhause« suchte, aber nicht von ihr abließ und sie als williges Objekt seiner sexuellen Begierden benutzte. Und Helga geriet immer tiefer in den Strudel aus unerfüllten Sehnsüchten und Verdrängungen. Sie geriet immer tiefer in die Abhängigkeit und Hilflosigkeit. Sie konnte die Realität, ihre Realität nicht mehr wahrnehmen. Und in der Abhängigkeit vom Alkohol ertränkte sie alles, was sich an »menschlichen« Empfindungen regen mochte, auch den Schrecken über ihre Taten.

Und doch blieb da immer ein Rest – die Sehnsucht nach Nähe. Und sei es in der abstrusen Weise, sich den verwesenden Überresten der getöteten Säuglinge – ihrer Kinder! – nahe fühlen zu wollen. Und ein Hauch von Respekt vor dem vergehenden Leben schwingt in ihr – sie sollten doch wenigstens auch so etwas wie ein Grab haben dürfen. Ihre Kinder, denen sie bezeichnender Weise nur Zahlen oder Nummern zuordnete. Wenn sie schon nicht der Aufgabe gewachsen war, ihre

Kinder wirklich ins Leben zu bringen und groß zu ziehen, dann sorgte sie doch wenigstens für die Blumenkästen mit den Leichenresten. Dafür scheute sie keine Mühe und Kosten!

Was bleibt, ist die Hoffnung, dass Helga in der Haft – trotz aller negativ getönten Bilder vom Gefängnis – Hilfe finden und annehmen möge. Hilfe, die sie befähigen könnte, ihre inneren Verstrickungen zu verstehen und sich von ihnen zu lösen.

Möge solche Hoffnung nicht zur Illusion verkommen!

Möge Helgas Geschichte uns sogenannte normale Zeitgenossen aufmerksam machen und acht haben lassen auf Menschen wie sie – unauffällig, angepasst, ausgeliefert ihren Abhängigkeiten und angefüllt mit einer nicht zu ertragenden Einsamkeit und Beziehungslosigkeit.

Ingolf

Endlich war es soweit. Ingolf hielt das Schreiben seiner Behörde in den Händen – die Beurlaubung für ein halbes Jahr war bewilligt. Er atmete tief durch. Nun gab es keine Ausrede mehr! Seinem lang gehegten Plan, eine Zeit lang, ganz allein in einer einsamen Berghütte zu leben, stand nichts mehr im Weg.

Bei einem seiner jährlichen Kurzurlaube im Montafon hatte Ingolf die kleine Hütte entdeckt. Sie gehörte seinen Wirtsleuten. Als er ihnen von seinem »Traum« erzählte, boten sie ihm an, sich dort oben einmal länger einzunisten. Das nächste Dorf sei weit genug entfernt, um allein sein zu können. Keine Straße. Nur ein Fußpfad führte für Ortskundige eine Stunde bergauf. Über Matten und durch den Bergwald. Touristen würden sich dorthin kaum verirren. Der Weg war nicht auf der Wanderkarte eingezeichnet.

Ingolf packte, mit Bedacht. Ein großer Rucksack sollte alles Notwendige aufnehmen. Kristin, seine Frau, kam hinzu, als er zum dritten Mal den Rucksack versuchte plangenau zu füllen. Nein, zwei T-Shirts müssen reichen, aber der dicke Pullover muss unbedingt mit. Das Buch, eines seiner Lieblinge, kann zu Hause bleiben. Nur genügend Schreibzeug und das kleine Brevier, mit Ausschnitten aus den Werken alter christlicher Mystiker und moderner Buddhisten. Kristin schaute zu. »Willst du nicht wenigstens doch …«, er winkte lächelnd ab. »Ich will ausprobieren, wie wenig ein Mensch wirklich zum Leben braucht«.

Es war nun wirklich soweit. Am Abend saß die Familie beisammen, bei geöffneter Terrassentür. Die Frühlingsluft drang herein. Der 14-jährige Karl fragte: »Und wenn ich dir schreiben will, Papa?« »Kannst du, mein Junge! Ich steige einmal wöchentlich ins Dorf ab, zum Einkaufen. Dann hole ich in der Poststation meine Briefe ab. Auch deinen!« Karla blieb skeptisch. »Und was hast du davon, Vater?« fragte sie. »Das werde ich dir nach dieser Zeit erzählen, mein Herz«. Sie konnte sich »so was« mit ihren zwanzig Jahren überhaupt nicht vorstellen. Ihre Freundinnen, denen sie davon erzählt hatte, meinten, ihr Vater sei wohl ein bisschen übergeschnappt.

Als Ingolf nach anderthalb Tagen Anreise, die letzte Strecke zu Fuß, an seiner Hütte angelangt war, der Aufstieg mit dem schweren Rucksack war schweißtreibend gewesen, und er hatte Anfang April etliche harschige Schneestellen überqueren müssen, da fühlte er sich auf einmal sehr klein. Unbedeutend. Und ein bisschen verrückt. Karla hatte vielleicht recht.

Von dem kleinen Vorplatz aus hatte er einen guten Ausblick. Hinter der Hütte der dunkle Wald. Vor ihm der Abhang, in dem er den Pfad fast nicht mehr erkennen konnte. Die Gipfel aneinander gereiht. Schweigend. Immerwährend.

Die ersten Tage vergingen schnell. Ingolf hatte seine Habseligkeiten in dem einzigen Wohn-, Schlaf- und Kochraum untergebracht. Er hackte Holz, auf Vorrat. Im Schuppen waren genügend Fichtenkloben aufgestapelt. Vorsichtig balancierte er über die Schneereste dorthin, dabei achtsam die ersten Soldanellen schonend. Er untersuchte Tür und Fensterläden. Sie ließen sich von innen fest schließen. Ingolf konnte nicht verhindern, dass ihn diffuse Befürchtungen einholten. Ganz allein sein! Ohne die Möglichkeit, bei einem Nachbarn mal eben anzuklopfen. Er hatte bewusst das Handy zu Hause gelassen. Wenn sich ein Verrückter hierher verirrte und ihn überfallen würde? Und kein elektrisches Licht. Wenn es ihm abends nicht gelingen würde, die Petroleumlampe anzuzünden? Wenn er beim Holzhacken sich den Fuß verletzten und nicht mehr laufen könnte? Ach, Blödsinn! Und nur ein Ziehbrunnen. Was würde er denn tun, wenn die Kette reißen und der Eimer nach unten sausen würde? Da stand er auf und ging nach draußen, ließ den Eimer hinab und zog ihn langsam wieder hoch. Das Wasser war kalt und schmeckte frisch.

Nach drei Tagen das erste Mal ein Abstieg ins Dorf, zum Einkaufen. Umher schlendern, Halt in der Poststation. Ein langer Brief von Kristin, eine Karte von Karl. Der hatte seine knappen Sätze eingerahmt mit Herzchen und Sprechblasen. »Oh«, »Aahhh«, »Staun« las Ingolf. Er las die Karte mehrmals, ehe er sie sorgfältig in die Brusttasche steckte.

In der zweiten Woche hatte er sich schon eingelebt, schneller als befürchtet. Sein Tagesablauf, im Voraus genau überlegt, gab ihm die nötige Zeitstruktur. Bei Sonnenaufgang aufstehen, hinaus auf die kleine Terrasse, sich in den Anblick der Gipfel vertiefen. In Ruhe das sich ausbreitende Licht betrachten. Das Wetter war ihm in den ersten Wochen wohl gesonnen. Kaum Regen. Aber diese Stille, die war für ihn, den Stadtmenschen, doch ungewohnt. Selbst Vögel waren hier oben selten. Nur eine Lerche begrüßte ihn jeden Morgen. Und das dort, das mussten wohl Bergfinken sein.

Danach ein ausgiebiges erstes Zazen[7]. Er war es von seinen regelmäßig besuchten Zen-Sesshins gewohnt. So wie das totale Schweigen. Danach Frühstück und Hausarbeit. Er staunte, wie wohltuend er das tägliche Holzhacken empfand. Dann wieder Zazen. Am frühen Nachmittag ein ausgedehnter Spaziergang. Die maßstabsgenaue Wanderkarte half dabei. Aber mehr und mehr benutzte er die gleichen Wege. Der Abend, vor dem letzten Zazen, gehörte dem Tagebuch. Ingolf notierte akribisch alle täglichen Verrichtungen und seine Gefühle und Gedanken. Anfänglich hielt er noch Rückblick auf das letzte Jahr. Aber mehr und mehr wurde das Schreiben zur Bilanz der vergangenen Lebenszeit. Einige Erlebnisse kamen ins Bewusstsein und ragten wie spitze Nadeln heraus. Warum habe ich damals Georg vor der Klasse

---

7 Form der Zen-Meditation; in aufrechter Haltung, ganz ruhig und in wacher Konzentration eine bestimmte Zeit sitzen, atmen, Gedanken gehen lassen …

süffisant gefragt: »Und du meinst das im Ernst?«, ihn damit vor allen gedemütigt anstatt auf seine Bedenken einzugehen. Warum habe ich Peter mit »Ich hab jetzt keine Zeit!« abblitzen lassen, als er hilflos vor mir stand? Schließlich ist er doch einer meiner ältesten Freunde! ... Und bin ich Kristin, wenn sie müde um die Augen aussah, mit der Aufmerksamkeit begegnet, die sie verdiente? Bin ich den Kindern ein guter Vater, oder habe ich mich nicht bisweilen in meine Aufgaben als Lehrer geflüchtet?

Schließlich tauchten unvermutet die frühen Jahre auf und wollten nochmals und anders als bisher angeschaut werden. Ingolf sieht sich im Kinderbettchen stehen, aber traut sich nicht heraus zu klettern. Es ist dunkel im Schlafzimmer, erst ruft er, dann schreit er. Schließlich weint er nur noch leise vor sich hin. Niemand kommt.

Ingolf wunderte sich, als seine diffusen Ängste vor dem Alleinsein wichen. Er fühlte sich sogar erleichtert, wenn er vom wöchentlichen Einkauf im Dorf wieder heimkehrten konnte. Heimkehren. Er staunte, dass ihm dieses Wort in den Sinn kam.

Die Wochen glitten dahin. Der Frühling machte dem Sommer Platz. Gewitter zogen auf. Eines Nachts erreichte ihn der erste Albtraum. Ingolf wachte schweißgebadet auf, konnte sich nur mühsam in der Dunkelheit in die Realität seines Wachbewusstseins einfinden – ohne sich an das Traumgeschehen erinnern zu können. Erst als er zum dritten Mal den gleichen Traum durchlebte, konnte er endlich die Bilder halten:

In einer steinigen, öden Bergwüste. Er müht sich ab, einen Weg zu finden. Es ist dunkel, nur ein schwaches, grässlich grau düsteres Licht lässt den bröckligen Aufstieg ahnen. Er aber muss hinauf! Doch so sehr er auch Halt zu finden sucht, kleine Felsspalten oder feste Steine, die ihm als Griff dienen könnten – es gelingt nicht. Die Steine brechen weg. Er kommt nicht von der Stelle. Aber eine Stimme über ihm krächzt pausenlos: »Hinauf! Hinauf!«

Auch der nächste Traum führte ihn wieder aufwärts, ins Gestein hinein, aber die Steine hielten stand, und er fand schrittweise, mit den Händen sich absichernd, einen Weg. Er stand und schaute, umgeben von einem warmen Licht. Nichts weiter mehr. Er wachte auf.

An diesem Morgen blieb Ingolf länger als sonst im Bett, lag ruhig da ohne etwas zu denken. Nur ein Empfinden von Dankbarkeit fand in ihm Raum.

Ingolf ließ sich nicht beirren oder von seinem Tagesrhythmus ablenken. Und doch dabei absichtslos bleiben! Das war die schwierigste Übung.

Der Sommer! Die Matten blühen. Der dunkle Wald ist nicht mehr so dunkel. Wenn Ingolf bergan schreitet, erfüllt ein geheimnisvolles Knistern den Raum zwischen den hohen Föhren. Der Anstieg strengt nicht mehr an. Er kann sich der Landschaft hingeben. Nur wahrnehmen. Schauen. Lange stehen bleiben, sich nicht rühren und warten, ob die Gemsen wieder auftauchen werden. Die gellen Pfiffe der Murmeltiere hören. Beobachten, wie die Knospen der Alpenrosen wachsen und die Büsche endlich in ihrer dunkelroten Pracht dastehen. Seltene Pflanzen finden. Einen Türkenbund entdecken. Eine Golddistel. Sich an den weiß und gelb, dann rot und endlich blau übersäten Matten freuen. Jeden neuen Tag von neuem, als sähe er es zum ersten Mal.

Ein schweres Gewitter läutet das Ende des Sommers ein. Stürmische Tage folgen. Die Wolken hängen herab und lassen weder die Gipfel auf der gegenüberliegenden Seite noch seinen Pfad ins Tal erkennen. Die Wolken reichen bis an die Hütte heran. Regen, nichts als Regen – erst stunden- dann tagelang. Ingolf fühlt sich eingeschlossen in einer lautlosen Welt, obwohl der Regen rauscht.

Wieder kommt eine Schreckensnacht. Der Sturm fängt schon am Abend an. Sorgfältig schließt Ingolf die Fensterläden und vergewissert sich, dass auch im Schuppen alles fest an seinem Platz ist. In der Nacht toben Donner und Sturm, wie er es noch nie erlebt hat. Da – Krachen und Splittern. Die Hütte bebt einmal kurz, dann Stille.

Am Morgen ein blitzblanker Himmel. Als Ingolf nach draußen auf den Vorplatz tritt, sieht er, dass die große Föhre hinter dem Schuppen, vom Sturm mit der Wurzel ausgerissen, halb auf das Dach der Hütte, halb auf den Weg zum Schuppen niedergestürzt ist. Die nächsten Tage ist er beschäftigt. Säge und Axt findet er im Schuppen. Erst als er Haus und Weg wieder freigelegt hat, kommt er zur Ruhe und kann nachdenken.

Was war *eigentlich* geschehen? Sicherlich, Gewitter, Regengüsse, Sturm und umgestürzte Bäume waren um diese Jahreszeit keine Seltenheit, hier oben in 1200 Meter Höhe. Aber es dünkte ihn, dass mehr geschehen war, dass an den bewährten Grundmauern seines Lebens, an seinen gewachsenen Grundsätzen mit Macht gerüttelt worden war. Hatte er durch seinen Entschluss, sich eine Zeit lang in die Einsamkeit zurückzuziehen, Gefahr heraufbeschworen? Aber welche? Er kam nicht dahinter.

Nach Tagen des Nachdenkens, in denen er seine Aufzeichnungen nochmals las, nach stundenlangem in der Stille Sitzen und Atmen, fand Ingolf seine Gelassenheit wieder. Es war alles in Ordnung. So, wie es war und so, wie es geschehen war. Eingebettet in einer größeren Ordnung. Auch in seinem Leben! Nichts weiter war vonnöten als da zu sein.

Der September neigte sich dem Ende zu. Die Sonne schien schon seit Tagen wieder vom ungetrübten Himmel herab, die Nächte sternenklar, von einem matten Licht erfüllt. Ingolf brach zu einer längeren Wanderung auf. Gestern beim wöchentlichen Abstieg ins Dorf hatte er seinen Wirtsleuten die geplante Route mitgeteilt. Für alle Fälle. Er wunderte sich selber. Vorher hatte er das nicht für nötig befunden.

Stunden des Wanderns, nach der Kühle des Morgens schließlich in der Mittagssonne. Ingolf legt eine längere Pause ein. Beim Abstieg, seine Füße finden wie von allein ihren Weg, da geschieht es. Nein, eigentlich geschieht gar nichts. Alles ist wie es zu sein hat, die Hänge, die Berggipfel, das Licht, die Steine, der Weg. Und doch: Ingolf meint plötzlich, die Felswand neben ihm würde zu leuchten beginnen, obwohl sie längst im Schatten liegt. Er spürt die Steinformationen vibrieren, und er hat das Empfinden, mit den Steinen zusammen zu schwingen. Eingehüllt in ein unsichtbares Licht. Sekunden oder eine Ewigkeit lang. Ingolf geht ruhig weiter, atmet gleichmäßig, achtsam ausgerichtet auf den Weg, auf die Hänge und Matten, auf den Himmel. Da bricht ein Schluchzen aus ihm heraus, schüttelt ihn. Es ist wie ... nein, Glück ist ein zu großes Wort. Er fühlt sich geborgen, hinaufgehoben in eine Wirklichkeit hinter der Wirklichkeit. Und ihn erfüllt die Gewissheit: Ich habe teil, bin Teil des Lebens.

Von dieser Wanderung zurückgekehrt, wusste Ingolf, dass seine Zeit hier zu Ende ging. Hatte er gefunden, was er suchen wollte? Nein, ES hatte ihn gefunden.

Er begann sich wieder auf seine Heimkehr in die Familie zu freuen, zu Kristin, Karl und Karla, sich innerlich auf den Beruf und den Alltag vorzubereiten. Einige Tage brauchte er noch, um die Hütte winterfest zu machen. Dann stieg er ins Tal, diesmal endgültig. Sein Rucksack war wieder so schwer wie beim Aufstieg vor bald sechs Monaten Noch einmal ging er zur Poststation, holte den letzten Brief von Karl ab, verabschiedete sich von den Wirtsleuten und fuhr am nächsten Tag nach Hause.

Er kehrte gerne heim, als der «alte« Ingolf und doch verwandelt.

Sabbat

Gehe nicht weiter

lass deine Schritte ruhen
Zeugen des Unterwegsseins
die Botschaft brodelt
im Gefäß aus Erz verhüllt
bis an den Himmel
Nenne IHN nicht
bleibe gehalten
empfang deinen Atem

Konrad O.

Als Konrad O. an diesem Morgen aufwachte, erschien ihm irgend etwas anders als sonst. Sein Blick fiel auf den Himmel vor dem Fenster. Gestern Abend hatte er vergessen, die Vorhänge vorzuziehen. Weiße Wolken jagten vorüber, als spielten sie fangen. Wie Kinder. Als er sich angezogen, in der Küche einen Toast und einen Rest Marmelade gefunden hatte, einen Kaffee gebrüht, da wunderte er sich noch immer. Keinen schweren Kopf. Und die dunkelgrauen Gedanken, die sich sonst sofort beim Aufwachen wie Raubvögel auf ihn stürzten, blieben aus. Ein neuer Tag – als hätte er ihn persönlich geschenkt bekommen. Er ging in die Wohnstube. Ein Buch lag aufgeblättert auf dem Fußboden, Scherben aus Ton daneben, der Schwung eines Henkels an einem Stück noch erkennbar. Da erinnerte er sich. Gestern Nacht war er nicht ins Bett gefallen und einfach weggesackt. Wie sonst, um nicht den immer gleichen Traum aushalten zu müssen, der ihn vor drei Jahren erstmalig überfiel:

Ein Auto rast auf einer dunklen Straße einem Abhang zu. Ein Kind steht auf dem Fahrersitz, lacht und schreit: Schneller! Und dann ein schriller Ton, der sich in Konrads Ohren und Schläfen eingräbt. Ein dumpfer Aufprall. Nichts zu sehen. Nur die leere Straße. Und ein Wimmern, quälend, bis es endlich verstummt. Die Stille würgt Konrad O., bis er keine Luft mehr bekommt. Jedes Mal von neuem, solange er noch träumte, an die Matratze gedrückt, bewegungslos, bis er kalt aber schweißnass mit einem Schrei aufwachte, sich bis zum Morgen umherwälzte und sich durch einen grauen Tag quälte. Ob die Sonne schien oder nicht.

In der vergangenen Nacht hatte er wie immer das Fernsehprogramm über Mitternacht hinaus ausgekostet, bis er nur noch einen faden Geschmack im Munde hatte, seine Einschlafzeremonie eingeleitet, die Bierdosen geöffnet, das Schlafmittel daneben.

Plötzlich war er aufgestanden und hatte den antiken Tonkrug seiner Frau, der seit ihrem Tode immer an der gleichen Stelle stand, mit einer harten Bewegung vom Bücherbord gewischt, mit aller Kraft, die geborstenen Teile mit der Wut in den Händen auf den Boden geschmettert, bis nur noch kleine Teilchen herumlagen. So. Da hast Du es. Nicht nur Du kannst zerstören, Du ... Namenloser. Mein Leben hast Du zerstört. Meinen Sohn und den kleinen Daniel getötet. Ja, Du! Wo warst Du denn, als sie zerquetscht im Abgrund lagen?

Seit Tagen hatte es in ihm gebrütet, nach dem Besuch seines Freundes. Der letzte, der ihm noch geblieben war. Alle anderen hatten sich zurückgezogen. Die Nachbarin, die ehemaligen Kollegen. Auch Annette, die Schwiegertochter hatte es schließlich aufgegeben ihn einzuladen: »Komm doch, vergrab dich nicht. Du bist schon ganz auf den Hund gekommen.« Da hatte er nur höhnisch gelacht. Ja, wie ein Hund, mit Füßen getreten, winselnd, so fühlte er sich. Was sollte er bei Annette? Sie war seit dem Tod ihres Mannes und des Kindes farblos geworden, von Schwärze umhüllt, auch wenn sie seit einem Jahr wieder helle Kleider trug. Die Fotos auf der Anrichte anschauen? Klaus, den siebenjährigen Daniel auf den Schultern. Strahlend. Noch lebendig. Nein, er wollte das Bild nicht sehen, nicht Annettes: »Weißt Du noch, Vater?« hören.

Auch Dr. Theobald konnte ihm nicht helfen, hatte »Mein Beileid« gemurmelt, ein Beruhigungsmittel verordnet, etwas von »Krise« gesagt, was er nicht verstand, und: »Die Zeit heilt alle Wunden.« Konrad O. hatte darauf gewartet, Wochen, Monate. Aber nichts heilte. Die Zeit hatte ihn wohl vergessen. Da zog er sich immer mehr zurück, ließ sein Gärtchen verwildern, vergaß die Stammtischtermine.

Nur noch abends, wenn er nicht gesehen werden konnte, kurz an die frische Luft. Selbst ein Hund musste ja mal heraus. Postkarten mit den obligatorischen Urlaubs- und Geburtstagsgrüßen kamen gleich in den Papierkorb. Keine Briefe geöffnet, Rechnungen nicht bezahlt. Bis eines Tages der Strom abgestellt war. Da hatte ihm noch der Nachbar geholfen, aber mit dem Finger gedroht, scheinbar scherzhaft: »So geht das nicht weiter.« Blödmann! Soll er sich seine klugen Sprüche doch an den Hut stecken. Wie es weitergehen, wie er, Konrad O. weitergehen sollte in dem, was man landläufig Leben nennt, das konnte ihm keiner sagen.

Keiner – bis auf den Freund vor fünf Tagen, der hereingekommen war, als Konrad O. ihm widerwillig die Tür geöffnet, der sich umgeschaut hatte. In der Küche Mülltüten in der Ecke, Speisereste auf dem Fußboden. Ungespültes Geschirr säuberlich gestapelt. Schließlich stellte er im Wohnzimmer den Fernseher ab, schob auf dem Sofa die Zeitungen weg, ließ sich nieder und wartete. Bis Konrad O. sich auch setzte. Beide schwiegen.

Endlich räusperte sich Konrad. »Ich kann Dir nichts anbieten außer Bier. Aber das magst Du nicht. Weshalb bist Du überhaupt hier?«

»Entschuldige, dass ich nicht längst gekommen bin. Ich hatte einfach Angst, Dich zu sehen. Ich fühlte mich so hilflos … ,« er machte eine Pause, »aber ich musste ständig an Dich denken.«

Da begann Konrad O. zu erzählen. Alles noch einmal von vorn. Eigentlich wollte er das nicht mehr. Vergangenheit!

Vor acht Jahren starb Hilda. Schlief einfach ein, nachdem sie erst gehofft und dann sich monatelang gequält hatte. Und tapfer geblieben bis zuletzt. Konrad O. besuchte sie jeden Tag im Krankenhaus. Auch in der letzten Nacht war er bei ihr, bis die Nachtschwester kam und am Morgen der Pfarrer

Als er gerade begann, sich in seinem neuen Stand ›verwitwet‹ einzurichten, da wurde der Betrieb verkleinert. Er als einer der Ältesten bekam die Kündigung. Und eine Abfindung. Nichts Großes. Aber immerhin so viel, dass Klaus ein Auto dafür kaufen konnte. Er selber brauche nicht mehr viel. Und Konrad O. sah wieder das strahlende Gesicht vor Augen. Richtig glücklich. Ein neues Auto. Kindheitstraum.

Noch an seinem fünfundfünfzigsten Geburtstag hatte Konrad O. gehofft, den Ruhestand mit Hilda zusammen zu erleben. Mit ihr etwas zu unternehmen. Endlich mehr reisen zu können.

Stattdessen war er sich selber und der leeren, viel zu großen Wohnung ausgesetzt. Manchmal fühlte er sich wie ein abgelegter Aktenordner, der in der Abstellkammer aufgehoben wird, weil es noch zu früh ist, ihn zu vernichten. Niemand schaute mehr die einst sorgfältig geführten Seiten an.

Aber da war ja noch die neue Familie seines Sohnes.

Als Konrad O. gerade anfing, den Garten wieder zu entdecken und die Stammtischkollegen, sie schmiedeten erste Pläne, man könne doch mal gemeinsam, da passierte es. Klaus verunglückte mit Daniel im Auto. Auf der nassen, leeren, nächtlichen Straße war er bei überhöhter Geschwindigkeit aus der Kurve herausgetragen worden. Dreißig Meter tief den Abhang hinunter. Beide sofort tot. Konrad O. hatte noch den zerfetzten Mund seines Sohnes gesehen. Die Augen waren heil geblieben, aber ließen sich nicht mehr schließen, starrten ihn an. Das Kind hatten sie ihm erst gar nicht gezeigt.

Und er hatte den Enkel so sehr geliebt. Daniel. Was unternahm er nicht alles mit dem Kind. Annette vertraute es ihm bereitwillig an. Die erste Eisenbahnfahrt. Das erste Mal im Zoo. So vieles zum ersten Mal. Und nun zum letzten Mal.

Und immer wieder das Grübeln und die Selbstvorwürfe: Hätte ich Klaus damals nicht das Geld gegeben, wären sie heute vielleicht beide noch am Leben.

Als Konrad O. bis hierher gekommen war, schwang zum ersten Mal Zorn in seiner Stimme. Der Freund hörte es.

Daniels ersten Brief hatte er zunächst aufgehoben. »Liba Opa. du krikst heut einen Brif fonn Daniel, ich hap dich imma lip.« Dann konnte er auch den Brief nicht mehr anschauen, räumte das Foto des Kindes vom Nachttisch. Danach ging es stetig bergab, wie Konrad O. selbst feststellte. Er traf sich nicht mehr mit den

Kollegen. Wozu auch. Die erzählten von Reisen und Ausflügen mit den Enkeln. Das ertrug er nicht.

Der Freund schwieg die ganze Zeit über. Er hatte zugehört, vorgeneigt, Konrad O. zugewandt. Mehrmals lehnte er sich zurück, an die Rückwand des Sofas, einmal wischte er sich sogar über die Augen. Als Konrad O. seinen Bericht beendet hatte, schaute er den Freund mit leerem Blick an, wartete, dass der ihm Vorwürfe machte, weil er sich verkrochen hatte, in seiner Trauer, in seiner verlotterten Wohnung. Eingeschlossen in die schwarzen Gedanken.

Konrad O. stand auf. Er hatte die Tränen in den Augen des Freundes gesehen.

»Du hast sehr gelitten. Wie hast du das nur bis heute überlebt?« Er legte seine Hand auf Konrads Schulter. »Ich danke dir, dass du mir das alles erzählt hast. Und ich komme gerne wieder«.

So hatte noch nie jemand mit ihm gesprochen. Da wollte einer einfach bei ihm sein. Bei ihm, der sich selber schon lange nicht mehr ausstehen konnte.

»Ich wollte es Dir erst gar nicht sagen. Aber jetzt versuche ich es doch. Ich habe während du erzählt hast an Hiob denken müssen, immer wieder. Weißt du, Hiob, der eine böse Nachricht nach der anderen bekam. Dem alle wegstarben, die er lieb hatte, der schließlich alles verlor, was er hatte. Am Ende auch die Gesundheit.«

Konrad O. blickte ein wenig ratlos.

»Du steckst so voller Zorn – und Du hast Recht damit.« Dann war der Freund gegangen.

Das hatte ihm noch niemand gesagt, dass er ein Recht habe, zornig zu sein – und verzweifelt, hatte Konrad O. in Gedanken hinzugefügt.

Gestern Abend hatte er sich herangewagt. Zunächst den Vasenkrug zerbrochen, dann tatsächlich die Bibel im Regal gefunden, geblättert, bis er schließlich auf das Buch Hiob stieß.

Er fing an zu lesen, kam aber über die ersten Kapitel nicht hinaus. Ein Schicksalsschlag nach dem anderen zerstört Hiobs Leben. Was er besitzt, wird geraubt, der Rest wird durch Feuer vernichtet. Die Vertrauten seiner Hausgemeinschaft werden ermordet. Seine Söhne und Töchter kommen um. Am Ende sitzt Hiob vom Aussatz befallen in der Asche seines Hauses, verlassen, auch von seiner Frau. Er hat nur noch das nackte Leben.

Und Konrad O. las, wie Hiobs Freunde kamen, »um ihn zu beklagen und zu trösten. Sie erkannten ihn nicht wieder, und sie hoben laut zu weinen an. Und sie setzten sich zu ihm auf die Erde sieben Tage und sieben Nächte lang, ohne dass einer ein Wort zu ihm redete: Denn sie sahen, dass der Schmerz sehr groß war«.

Da spürte Konrad O. das erste Mal, dass er noch lebendig war. Den folgenden Vers las er zweimal: »Danach öffnete Hiob seinen Mund und verfluchte den Tag seiner Geburt«, und seine Hand zitterte, mit der er sich über die Augen fuhr. Es war ihm, als ob sich der Panzer um seinen Körper zu lockern begann. Er empfand plötzlich beim Atmen einen heftigen Schmerz, wollte sich ablenken und las weiter: »Warum starb ich nicht bei meiner Geburt? So läge ich nun und wäre stille, ich schliefe, da hätte ich Ruhe. Denn Seufzen ist mein täglich Brot, es strömen gleich dem Wasser meine Klagen«.[8]

Er schob das Buch heftig beiseite. Es fiel vom Tisch, er ließ es liegen. Konrad O. nahm die Brille ab, begann zu weinen. So, wie er sich nicht besinnen konnte, jemals geweint zu haben. Und dann kam der Zorn. Er musste aufstehen, um ihm in sich genügend Raum zu verschaffen. In seiner ganzen Größe stand er da. Und fing an zu reden, allein im nächtlichen Zimmer. »Du Gott, wie Dich die Alten genannt haben – weißt Du überhaupt, was Du mir angetan hast?« Er begann zu schreien: »Hörst Du? Es ist eine Unverschämtheit.

---

8 Zitate aus dem Alten Testament, Buch Hiob, Kap. 2 und 3, Zürcher Übersetzung

Erst mir Hilda wegzunehmen, mit der ich alt werden wollte. Das musstest Du doch wissen! Sie war eine gute Frau. Aber was kümmert es Dich schon, Du da oben!« Seine Stimme fand wieder zu ihrem normalen Ton zurück. »Aus meiner Arbeit aussteigen zu müssen, also darüber hätten wir ja reden können. Aber Du hast mich nicht gefragt. Von wegen Rationalisierung. Aber dann, und das kann ich Dir nie verzeihen, Klaus und das Kind einfach krepieren zu lassen. Wo warst Du da? Ich denke, Du bist so mächtig. Davon spüre ich nichts. Auch sonst nicht, wenn ich mir die Nachrichten im Fernsehen anschaue. Ein hilfloser, fieser, kleiner Gott bist Du. Ich habe Dir die Stange gehalten, wenn die Freunde mal etwas respektlos über Dich gesprochen haben. Ich bin ehrlich geblieben. Und das ist heutzutage nicht so einfach. Ich habe meine Arbeit gut gemacht. Ich habe versucht, ein guter Nachbar zu sein. Und nun, was ist aus mir geworden? Schau genau hin. Ein Wrack, mit dem keiner etwas zu tun haben will. Selbst einem alten Hund geht es besser. Nicht mal gute Träume kannst Du mir schicken. Ich muss den Schrecken immer wieder erleben. Das ist doch kein Leben mehr. Und da wunderst Du Dich noch, dass ich am Ende bin? Das kannst Du mit mir nicht machen. Hörst Du? Ja, ich ....«

Konrad O. gingen die Worte aus. Er musste sich setzen. Seine Knie zitterten. Er schwieg. Er war am Ende. Er hatte alles gesagt, was gesagt werden musste. Er war nur noch erschöpft, lehnte sich an die Rücklehne des Sofas, so wie es vor fünf Tagen der Freund getan hatte.

Da kam eine große Ruhe über ihn. Es war still in ihm geworden. Nicht wie sonst, wenn er sich allein und ausgestoßen gefühlt hatte, wie ein Aussätziger. Auf einmal hatte er das Empfinden, als ob da noch etwas im Raume sei. Als ob jemand weinen würde. Seinetwegen. Und Konrad O. begann von neuem, ließ die Tränen einfach laufen.

Am nächsten Tag war alles anders als sonst. Er ging hinaus in die

Stadt. Nicht erst am Abend im Dunkeln. Sondern am helllichten Tag. Und schaute sich um. Die Passanten eilten an ihm vorbei. Aber er hatte ja Zeit. Die Zeit war wiedergekommen

Als er so dahinschlenderte, hierhin, dorthin, die Auslagen in den Geschäften anschaute, das letzte Mal lag lange zurück, da kam ihm eine Frau entgegen mit einem kleinen Kerlchen auf dem Arm, eineinhalbjährig ungefähr. Das Kind sah ihn an, lächelte absichtslos. Konrad O. stellte sich beiden in den Weg: »Du hast es gut, Du auf dem Arm Deiner Mutter.« Und zu der jungen Frau gewandt, die ihn fragend anschaute: »Ich muss heute einfach jemand ansprechen, an diesem Morgen.«

Dann ging er schnell weiter.

Überall Nirgendwo

Von irgendwoher unterwegs
seit undenklichen Tagen
überall Rosen in den Dornen

Die Augen gehen mir über
über oh über dem Dorn –

Im feuerroten Schmerzatem sein
eingebrannt in meinem Herzen
nicht zu verbrennen

Wenn der Schneewind weht
über Erinnerungen hinweg:
Spuren sichern und

wandern im finstern Tal
dein Stecken und Stab –

Den schmalen Reif Hoffnung
in die Stirn gedrückt

eine genaue Ortsangabe wagen:
NIRGENDWO

Den ersten Schicksalsschlag, den Tod seiner Frau, hat Konrad O. anscheinend noch verkraftet. Der zweite trifft einen noch Trauernden. Er verliert seine Arbeit. Seine in vielen Jahren erworbene Identität wird fragwürdig. Das in-der-Welt-sein wird löchrig und durchsichtig. Aber noch versucht er, wie Hiob sich zu stellen. Tatkräftig und tapfer. Das Kind seines Sohnes bedeutet ihm in dieser Phase mehr als die üblichen Großvaterfreuden. Es ist der Garant, dass das Leben weitergeht, immer wieder von neuem anfängt, trotz allem.

Ob er sich schon damals in dem kleinen Kind gespiegelt erlebt? In dessen Offenheit für alles Neue, in der Neugierde auf alles Lebendige, in seinem noch bedingungslosen Vertrauen, in seiner ungefilterten Zuneigung?

Vielleicht liegt hierin überhaupt das Geheimnis von Großvater-/Großmutterfreuden: als alternder Mensch noch einmal zu ahnen und zu erleben, was Anfangen heißt. Nicht nur erinnert zu werden an die Zeit, in der man/frau als Eltern in das Verantwortlichsein und die Fülle des Leben hineinwuchs. Sondern das Kind in sich selber wieder zu spüren. Offen sein zu können ohne die einschränkenden Lebenserfahrungen. Vertrauen ohne Skepsis. Zuwendung ohne Vorbedingungen.

Aber der dritte Schicksalsschlag wirft Konrad O. aus dem Gleis. Seine mühsam-tapferen Versuche, weiter zu leben und sich einzurichten mit dem Verlust, werden zunichte. Jetzt findet er nicht mehr die Balance zwischen seiner Trauer, die er nicht ausleben kann, noch nicht, und den normalen, alltäglichen Lebensanforderungen. Er identifiziert sich selber mit einem Hund: geschlagen, getreten, winselnd – und das heißt doch: um ein wenig Zuwendung bettelnd.

Wer von seinen Nachbarn, Freunden, Verwandten hat das wirklich verstanden? Konrad O. bleibt in seiner Not allein. Die anderen gehen zur Tagesordnung über und nehmen ihn gar nicht wahr. Konrad O. gerät immer tiefer in eine Einsamkeit, aus der es kaum noch einen Ausweg gibt – scheinbar selbst verschuldet durch seinen Rückzug.

Aber wenigstens der Freund ist ihm geblieben, der eines Tages bei ihm auftaucht, anfangs hilflos, aber darin ehrlich. Dem es keine Ruhe gelassen hat, der Konrad O.'s Schweigen, seinen Schmerz, seinen untergründigen Zorn wahr sein lassen kann.

Er bietet ihm die Geschichte und das ›Bild‹ des Hiob an, eines Archetypus, in dem sich Konrad O. spiegeln und wiederfinden kann. Sich selber wieder finden kann – er, der sich schon fast verloren gegangen ist.

Der Hinweis auf eine biblische Gestalt oder alten Text ist sicherlich kein Allheilmittel. Hier aber trifft er, weil die Betroffenheit des Freundes hindurchschwingt, weil der sich anrühren lässt von der Not, von der Hoffnungslosigkeit und Bitterkeit, von der Einsamkeit. Er gibt jedoch keinen Ratschlag, keinen noch so gut gemeinten. Er stellt sich nicht außerhalb der Wirklichkeit des Trauernden. Er bietet statt dessen etwas sehr Schlichtes an: sich selber. Und nur das kann zutiefst helfen. Konrad O. muss nicht mehr allein seinem Schmerz ausgeliefert bleiben – und seiner Trauer, seinem Zorn, den er sich vorher nie einzugestehen gewagt hat und seiner Einsamkeit. Er hat einen Freund gefunden, der mitschwingt, der mit ihm leidet. Und Konrad O. fängt wieder an wahrzunehmen, was ist. Seinen Schmerz und seine Wut. Er kann seine tiefe Einsamkeit bewusst empfinden – anstatt sie wie bisher nur dumpf auszuleben. Danach erreicht ihn die Welt wieder, zunächst die äußerliche der Geschäfte und Geschäftigkeit, dann ein kleines Kind und dessen junge Mutter.

Konrad O. kann die Tür seines inneren Gefängnisses öffnen, nachdem der Freund den Weg zu ihm gefunden hat. Auch wenn es sicherlich noch Monate, vielleicht Jahre brauchen wird, bis er Schmerz und Zorn, Bitterkeit und Selbstvorwürfe ein wenig ausgetrauert haben wird, bis er den Alptraum nicht mehr träumen muss. Bis er nicht mehr den Rückzug in die Einsamkeit braucht um zu überleben. Bis er – zaghaft oder entschlossen – wieder mit der ›Welt‹ mitschwingen und sich anderen zuwenden kann – so wie heute dem kleinen Kind, das ihn angeschaut hat.

Louise

Der Entschluss war ihr schwer gefallen, vor neun Jahren, ihre lang vertraute Wohnung aufzugeben und ein neues Zuhause zu suchen. Zuhause sein! Das ist es, was ihr jetzt fehlt.

Ein kleines Zimmer mit Nasszelle, praktisch und funktional eingerichtet, alles freundlich und hell. Den alten Sekretär und ihren Lehnstuhl hatte sie mitnehmen können, aber schon beim Bett hörte es auf: Louise brauchte künftig ein Pflegebett. Zwar hatte sie einige liebgewordene Bilder aufhängen und wenige Bücher im Regal aufstellen lassen. Die spärlichen Besucher, ehemalige Nachbarinnen und zwei Verwandte, die hin und wieder zu Besuch kamen, fanden lobende Worte über ihr hübsches Zimmer. Sie schwieg dazu, wusste sie doch, was sie immer noch, selbst nach fünf Jahren vermisste. Aber dieser Umzug war unumgänglich geworden.

Ja, es war ihr schwer gefallen, und sie hatte lange still für sich getrauert. Sie wollte niemandem etwas vorjammern – schon gar nicht ihren Kindern! Die hatten ihr die anfangs zaghaft geäußerten Bedenken wegen ihres Zustandes ausgeredet, sie könne noch ..., und so schlimm sei doch alles gar nicht. Nein, sie lebten wie in einer anderen Welt und hatten ihr eigenes Leben zu bewältigen.

Noch mehr als ihre Wohnung vermisste sie das Eingebundensein in der Siedlung, in die sie als junge Frau mit ihrem Mann gezogen war, in den Aufbaujahren. Hier hatte sie ihre drei Kinder großgezogen, von hier aus waren sie ausgeflogen, in ihr eigenes Leben. Anfangs wohnten sie noch in der Nähe, da hatte sie die Enkel, als sie noch nicht zur Schule gingen, stundenweise versorgt, mit ihnen gespielt – und sie einfach geliebt. Heute waren die Enkelkinder selber erwachsen, im beruflichen Lebenskampf voll eingespannt. Sie kamen selten.

Louise war mit ihren sechsundachtzig Jahren noch eine der Jüngeren in St. Elisabeth. Im Heim neue Kontakte zu schließen – das war mühsam. Anfangs hatte sie sich zu den wöchentlichen Treffen in den Tagesraum fahren lassen und versucht, mit dem einen oder der anderen ein Gespräch anzufangen, aber die meisten Bewohner waren so in ihre körperlichen Beschwerden und ihr eigenes Schicksal eingesponnen, dass es über ein paar freundliche, belanglose Worte meist nicht hinaus kam. Nur mit Herrn Ahrens und Frau Merten war ein wirklicher Kontakt zustande gekommen.

Sie war zunächst sehr einsam geworden. Darüber halfen auch nicht die Bücher hinweg, die ihr die Dame vom Besuchsdienst mitbrachte. Auch an ihren Fotoalben fand Louise keine Freude mehr. Oft hatte sie sich das eine oder andere Album von der Pflegerin geben lassen und es durchgeblättert, die Bilder angeschaut, bis sie es ermüdet von den Knien herunter auf den Boden schob. Sie hätte so gern einem Menschen davon erzählt, selbst einem fremden. Aber die Dame vom Besuchsdienst hatte abgewinkt, als sie einmal, das aufgeschlagene Album auf dem Tisch, sie einlud: »Schauen Sie mal ... hier ... da war ich ... «.

Die Leere holte sie ein, griff nach ihr wie mit Krallen und ließ sie nicht los. Sie war einfach müde, auch tagsüber. Morgens blieb sie im Lehnstuhl sitzen, nachdem die Pflegerin ihr beim Anziehen geholfen hatte, ließ das Frühstück unangetastet, das Telefon läutete neben ihr, sie hob nicht ab. Erst das Mittagessen, gebracht von einer jungen Praktikantin mit blonden Zöpfen und großen Kinderaugen – sie erinnerte Louise an ihre älteste Enkelin – holte sie ein wenig aus der Apathie heraus. Vielleicht sollte sie sich doch mal wieder in den Tagesraum zu den anderen bringen lassen. Sie klingelte. Es dauerte geraume Zeit, bis die diensthabende Pflegerin hereinschaute: »Is was?« »Nein, nein, ich dachte – ich wollte ...«Und sie verstummte. Schwester Franziska, eine stämmige Mitdreißigerin, schüttelte nur den Kopf und ging.

Wieder überließ sich Louise der quälenden Leere im Kopf. Im Herzen eine dumpfe Stummheit.

Die Wende trat ein, als ihre Nichte Vera zu Besuch kam. Sie nahm sich zwei Tage lang Zeit. Sie fuhr ihre Tante zum nachmittäglichen Plauderstündchen und unterhielt sich mit den Bewohnern, während Louise daneben saß, aufschreckte, wenn sie angesprochen wurde und weiter schwieg.

Vera schob sie am nächsten Vormittag heraus, in einen herbstlichen, strahlenden Spätnachmittag. Louise ließ alles mit sich geschehen, antwortete nur zögernd auf die Fragen von Vera. Plötzlich, es musste am Himmel gelegen haben, der hatte solch eigenartige Färbung, Louise wusste das später nicht mehr genau, sagte sie deutlich: »Wozu? Wozu das alles? Und warum ich?«

Vera fuhr sie schweigend weiter, bis zu einer leeren Bank, setzte sich ihr gegenüber: »Tante Louise, du meinst ...nein, dir geht es gar nicht gut, nicht wahr? Du bist sehr, sehr traurig.« Da brach es aus Louise heraus, alles, seit Tagen, Nächten, Monaten in ihr eingeschlossen. Sie konnte gar nicht mehr aufhören. Sie redete und schluchzte dazwischen, redete weiter. Vera hörte einfach zu, sah sie an, schwieg, berührte ein paar Mal ihre Hand, fragte ein paar Mal nach, um besser zu verstehen, und setzte sich schließlich so, dass sie ihren Arm um die zitternden Schultern legen konnte. Langsam kam Louise zur Ruhe. Sie konnten wieder zurückfahren.

Danach wurde alles anders, lichter, obwohl sich äußerlich anscheinend nichts verändert hatte. Am nächsten Vormittag ließ sich Vera eines der Fotoalben zeigen und Bild für Bild erklären.

Und doch – heute gefragt, ob sie einsam sei, hätte es Louise verneint. Sie habe so viel nachzudenken. Endlich habe sie Zeit dazu. Und viel Zeit bleibe ihr nicht mehr. Ihr Leben habe sich gerundet und sie sei bereit zu gehen. Bis dahin müsse sie noch einmal alle Stationen ihres Lebens bedacht haben.

Damals, als sie als junges Ehepaar in die Siedlung einzogen und sie ihren Beruf aufgab. Es war nichts Großartiges gewesen, aber sie hatte die Arbeit gerne gemacht. Paul verdiente genug. Und als Klaus und Peter beinahe gleichzeitig auszogen … . Oder als die alte Nachbarin sie beschimpfte … . Und als damals… .

Nein, sie grübelt nicht. Das hat sie verstanden, vor zehn Jahren, als sie zur Kur war, Grübeln ändert nichts: »Wenn ich damals, … dann … Wenn er damals … , dann … .« Aber jetzt will sie noch einmal eintauchen in jede Station ihres langen Lebens, will einfach hinschauen.

Am Nachmittag sitzt sie in ihrem Lehnstuhl, bei warmem Wetter auf dem Balkon. Sie ist dankbar, dass ihr Gedächtnis sie nicht im Stich lässt. Manchmal ist sie traurig, manchmal fast ein bisschen wütend, manchmal muss sie schmunzeln. Ja, alles das gehört zu ihr. Es ist ihr Leben! Auch die Versäumnisse, wie sie es heute nennt.

War es denn wirklich nötig gewesen, Peter damals so sehr zuzureden, die Schule bis zum Abitur zu besuchen, obwohl er eigentlich überfordert war? Was hatte sie ihm damit aufgebürdet – dem schüchternen Knaben, der sich in der Klasse nicht zur Wehr setzen konnte? War es richtig gewesen, ihrer Tochter die Berufstätigkeit auszureden, nach der Geburt des ersten Kindes? Und da war noch Marlene, die Uraltfreundin! Sie hatten sich zerstritten – Louise weiß noch wie heute, wie harsch, ja, hart sie mit ihr umsprang. Wie sie nicht verstehen konnte und wollte, dass Marlene … .

Ja, Erinnerungen können bisweilen sehr schwer zu ertragen sein! Aber Louise verschließt sich ihnen nicht. Am schwersten ist es, sich selber einzugestehen, versagt zu haben. Aber dann irgendwann tief durchatmen und die Versäumnisse aus dem Sinn gehen lassen, aus der Hand legen – loslassen.

Bei solcher Erinnerungsarbeit helfen die Fotos von früher. Mehr noch die alten Briefe. Sie hat zwar vor der Übersiedlung ins Heim eine Menge vernichtet, aber doch noch einen gefüllten Schuhkarton mitgenommen.

Kürzlich erst ist sie auf einen Brief gestoßen, den sie an ihre Kusine und Freundin damals geschrieben, aber nie abgeschickt hatte. Achtzehn Jahre ist das her – mein Gott, welch lange Zeit und doch wie kurz. Sie kann sich noch genau an ihre Empfindungen erinnern. Vor drei Jahren Witwe geworden, ihren Mann bis zuletzt gepflegt, bei ihm in der Todesstunde geblieben, die Beerdigung und die anschließenden Kondolenzbesuche tapfer bestanden, aber danach in ein tiefes Loch gefallen. Ja, damals, da war sie einsam! Ihre jüngste Tochter besuchte sie zwar oft, zusammen mit Oliver, dem Fünfjährigen, der seine Oma sehr liebte. Nein, an den Kindern lag es nicht, auch nicht an den Nachbarinnen, die sich um sie kümmerten. Es war, als ob in ihrer Körpermitte eine tiefe Wunde brannte, wie ein Feuer, das sich nicht löschen ließ. Und diesen Schmerz konnte sie niemandem mitteilen. Eigentlich wollte ihn auch keiner hören. »Du hast doch noch … .« hörte sie immer wieder. Ja, das stimmte ja. Aber das wog den Verlust und den Schmerz nicht auf.

Sie nimmt den Brief zur Hand:

Liebste Margret, heute will ich Dir endlich auf Deinen Brief antworten, nein, nicht auf Deinen lieben Brief, wie ich beinahe eben gewohnheitsmäßig geschrieben hätte. Du hast über mich zu Gericht gesessen. Aber Du hast noch Deinen lieben Mann neben Dir, auch wenn ihr euch beide manchmal anödet, wie Du schriebst. Und doch, schon morgens, wenn ich mich angezogen und das Frühstück weggeräumt habe, überfällt sie mich, die Stille in der Wohnung und die entsetzliche Leere. So etwas ist Dir anscheinend völlig fremd! Und wenn ich mir etwas vornehme, möchte ich automatisch zunächst zu Herrmann gehen und sagen: »Guck mal …« oder ihn fragen: »Meinst du nicht auch …?« Aber da ist niemand. Manchmal habe ich das Empfinden wie amputiert zu sein, eine Hälfte von mir fehlt!

Ach, Eure so gut gemeinten Ratschläge! Das sind auch Schläge! Kürzlich war Sr. Maria von der Anbetung bei mir, sie meinte, ich hätte doch nun Zeit. Bei den Gemeindefesten sei immer Mangel an hilfreichen Kräften. Und außerdem hätte ich doch solch eine schöne Stimme und könnte Alten, Kranken und Vereinsamten zu Hause vorlesen. Ich hätte sie am liebsten rausgeworfen! Ich schützte Kopfschmerzen vor und habe sie nicht einmal bis zur Tür begleitet, als sie endlich ging. Meingott, ja wirklich: mein Gott, kann mir denn niemand meine Trauer gönnen? Auch Du nicht, Margret! Wenn es soweit ist, werde ich schon wissen, was zu tun und zu lassen ist. Wenigstens Herrmann versteht mich, wenn ich täglich zu ihm auf den Friedhof gehe und den Tag vor ihm ausbreite, dann habe ich das Empfinden, dass er seinen Arm um mich legt und sagt, wie früher: »Lass man, Lieschen, wir beide stehen das schon durch!« Obwohl »nichts« da ist und ich »nichts« höre! Und Du Schaf schreibst nur: »Lass doch endlich die Toten ruhen.« Was weißt Du schon!

Louise überlässt sich ihren Erinnerungen. Sie musste damals lernen, ihr Leben ganz neu in die eigenen Hände zu nehmen. Sie, die Familienfrau, die fast immer zufrieden gewesen war. Die drei Kinder waren gut geraten, dafür ist sie dankbar. Und sie ist ihnen weiterhin zugetan, auch wenn sie heute kaum Zeit haben für sie – beschäftigt mit Beruf, Familie und dem Aufbau von Freundschaften. Ja, für Freundschaften oder gar Hobbys, wie das hieß, hatte sie, Louise keine Zeit gefunden. Ihr Hobby war die Familie, hatte sie immer gesagt. Und sie hatte mit Herrmann nach seinem Dienst in einer trockenen Büroatmosphäre den kleinen, schmucken Schrebergarten in der Nähe der Siedlung gepflegt, den Urlaub gemeinsam verbracht, immer am gleichen Ort, zunächst mit den Kindern, dann zu Zweit. Dort gab es ein paar Menschen, die nach dem Tod von Herrmann ihr geschrieben hatten und sie eingeladen, doch allein zu kommen. Aber das hatte sie sich nicht zugetraut.

In der Pfarrgemeinde war sie fest eingebunden. Sie fühlte sich aufgehoben im einstmaligen Mütterkreis – inzwischen waren sie Großmütter geworden. Die Messe am Sonntagvormittag gehörte zu ihren festen Gewohnheiten. Wenn sie mal krankheitshalber oder weil die Kinder sie unbedingt brauchten, nicht teilnehmen konnte, hatte sie ein schales Gefühl. Es fehlte ihr einfach etwas – der hohe Raum, mit seinem schweren Weihrauchduft, die Lieder. Frau G in der Bank vor ihr mit ihrer Angewohnheit, bei der Predigt des Pfarrers kräftig zu nicken, wenn er mal wieder über die Nichtanwesenden lamentierte, die ach so oberflächlichen Zeitgenossen. Und da war der Muttergottesseitenaltar, vor dem sie ein Licht anzündete, ehe sie nach Hause ging und ein kurzes Fürbittgebet sprach. Es gab immer jemand, an den sie dabei dachte.

Nun ist alles anders geworden. Viele der Vertrauten, um die sie sich sorgte und denen sie ihre Gebete schickte, sind nicht mehr am Leben.

Louise lässt den Brief sinken, den sie noch gedankenverloren in der Hand hält. Wie lange ist das alles her? Nein, ihre Trauer hat sie sich nicht nehmen lassen. Endlich, nach Monaten oder Jahren, das weiß sie schon nicht mehr, hat sie bei einem Spaziergang in den Flussauen auf einmal gedacht – die Sonne brach unerwartet durch den grauen Himmel – nein, die schien schon vorher, aber sie hat sie nicht wahrgenommen – da auf einmal war ihr, als ob Herrmann wieder seine Hand auf ihre Schulter legt und sagt: »Lass man, Lieschen!« Nichts weiter.

Das genügte. Und sie beginnt, sich nach neuen Menschen umzusehen, nicht gleich nach neuen Aufgaben. Das hat sie begriffen, dass es noch mehr gab als »Aufgaben« und »Gebrauchtsein«. Sie will jetzt selber herausfinden, wer sie ist und wozu sie lebt. Zunächst helfen ihr die Exerzitien weiter in einem weltoffenen Orden, danach sucht sie sich in der KFD (Katholische Frauengemeinschaft in Deutschland), später in der Volkshochschule Vorträge und Exkursionen aus. Sie merkt, was sie noch alles entdecken kann. Es lohnt sich wieder zu leben! Noch einmal neu.

Nachdem Louise ihren 75. Geburtstag gefeiert hat, lassen sich ihre körperlichen Beschwerden nicht länger ignorieren. Nach etlichen Monaten zunächst hoffnungsvoller, dann mühsamer Behandlung, nach mehreren kurzen Krankenhausaufenthalten und der ersten Kur ihres Lebens in einem Müttergenesungsheim, als sie immer schlechter gehen kann, als sie nach einem Sturz wochenlang ans Bett und monatelang an die Wohnung gefesselt ist, entschließt sie sich, nach Sankt Elisabeth überzusiedeln.

Es war schwer, so sehr auf die Pflege und Hilfe fremder Menschen angewiesen zu sein! Und sich nicht mehr selbstverständlich auf die eigenen körperlichen Kräfte verlassen zu können.

In den ersten Monaten holt sie nochmals die Verlassenheit ein und die Einsamkeit – bis Vera zu Besuch kommt. Louise hat aber schon in der Zeit nach dem Tod ihres Mannes gespürt und erfahren, was es bedeutet, sich den Gefühlen und ihrer Trauer anzuvertrauen. Und sich Hilfe zu suchen – Menschen, die zuhören und sie respektieren können. Ihre Nichte Vera gehört zu ihnen, auch Herr Ahrens. Wenn andere sie besuchen kommen, die ihr erzählen wollen, was sie denn jetzt eigentlich sollte, könnte, und wie sie denn ..., solche setzt sie nach kurzer Zeit wieder vor die Tür. Direkt und ohne Umschweife. »Lass mich allein! Nett, dass du gekommen bist, aber es ist jetzt genug. Schöne Grüße zuhause!« Ihren Weg muss sie nun allein gehen. Den kann ihr niemand abnehmen.

Oft sitzt sie am Abend vor der geöffneten Balkontür, dick eingehüllt in eine Decke, und erwartet den Mond, wie er heraufkommt, sieht einen Wolkenstreifen vorbeiziehen, sieht im Frühjahr die Blätter an der großen Platane heraussprießen und im Herbst wieder fallen. Nur beobachten, wahrnehmen und dahinter die Anwesenheit des Unendlichen spüren.

Mehr und mehr beschäftigt sie sich mit ihrem Tod, liest manches dazu, nicht nur Erbauliches, nimmt ganz neue Gedanken auf, saugt sie in sich ein. Ja, mit Herrn Ahrens kann sie sich darüber austauschen. Den Text für die Ansprache bei ihrer Trauerfeier hat sie selber ausgesucht und in ihrem Testament festgehalten, in ihrer noch immer sorgfältigen Handschrift. Mit dieser Handschrift, mit der sie regelmäßig Briefe an ihre Enkel und Kinder schreibt, von ihrem Alltag erzählt und den kleinen, unscheinbaren, manchmal skurrilen Begebenheiten.

Und wenn eines der Kinder sie besuchen kommt oder seltener noch eine der ehemaligen Nachbarinnen und sie für eine kleine Weile mit dem Rollstuhl hinaus fahren, dann finden sie eine Frau vor, die immer kleiner und gebeugter dasitzt, deren Augen in einem immer faltigeren Antlitz nach innen sinken. Aber um den Mund scheint ein Lächeln zu spielen, auch dann, wenn sie ganz schwerwiegende Gedanken ausspricht oder einfach nur zuhört, Wer sich die Mühe macht, genauer hinzuschauen, der sieht, dass in Louises Augen ein verborgenes Leuchten wohnt.

Unabwendbar

Herbstgold fällt
Vom Himmel herab
Verweht mit den Blättern
Wirbelt empor in Höhen
Denen mein Aug nicht mehr folgt

Eine Rosenblüte
hält noch immer stand
ist übrig geblieben
lässt sich beuteln und
lächelt gegen ihr Schicksal an

Das Windrad dreht
Dreht sich im Kreis
Klappert und zittert
Zeigt mir die Richtung an
Ich aber folge ihr nicht

Bald werden die Konturen der Bäume
Wieder klar zutage treten
Schweigend hoch aufgerichtet
Und ihre Klagen unüberhörbar
Dem scheidenden Sommer nachsenden

Ich trete aus dem Schatten hervor
Fordere Rechenschaft vom Wind
Und der verglühenden Sonne
Über den unwiderruflichen
Verlust meines Herzens

Ein Vorurteil, das mir immer wieder begegnet: Alte Menschen seien grundsätzlich einsam. Und natürlich besonders diejenigen in Pflegeheimen. Einsamkeit sei ein unabwendbares, wenn auch erschreckendes Phänomen des Alters.

In dieser Betrachtungsweise gutmeinender Menschen mittleren Alters kommt die Angst vor dem eigenen Altwerden deutlich zum Ausdruck, letztlich vor ihrem eigenen Altwerden. Die noch ferne Zukunft, die von mancherlei Verlusten geprägt sein kann, löst Ängste aus.

Auch wenn ich jetzt keine empirischen Untersuchungen zu Rate ziehe: beim Altwerden und im Alter ist das Syndrom Einsamkeit ebenso häufig verbreitet – als auch bewältigt wie in der mittleren und jüngeren Generation. Nur gestehen es die Jüngeren selten öffentlich ein, es schickt sich nicht und verstößt gegen den herrschenden Zeitgeist, sich als »einsam« zu bekennen. Wer es dennoch tut, wird für seelisch krank oder zumindest für lebensuntüchtig erklärt, im schlimmsten Fall übernimmt man diese Sichtweise der anderen und fühlt sich selber so. Aber (fast) jeder einsame Mensch findet auf einfallsreiche Weise Möglichkeiten, sich im Geflecht des Lebens so einzurichten, dass sie oder er die soziale, die seelische Einsamkeit ertragen oder zumindest kompensieren kann. Im Altwerden jedoch werden die Kompensationsnischen immer kleiner und seltener.

Sicherlich, im Altwerden und Alter gibt es genügend innere und äußere Anlässe, Einsamkeit zu erleben und sich ihr zu überlassen. Bisweilen ist es das einzige »Gut«, das einem Hinterbliebenen bleibt, wenn die »nächsten Angehörigen«, wenn Freunde und Altersgenossen wegsterben, wenn die »Kinder« in ihrem eigenen Leben und oft in einer anderen Stadt eingebunden sind.

Hermann Schreiber behauptet[9], dass nur etwa zehn Prozent der Über-65-Jährigen unter Einsamkeit leiden. Nun, zehn Prozent,

9 in »Singles – Alleinleben – besser als zu Zweit?« Hermann Schreiber, Ullstein, Berlin 1980, S. 115-134

das ist ein Richtwert, den man ohne Bedenken auf *jede* Alterstufe anwenden könnte. Wenn aber, gemäß dem Zeitgeist, individuelle Freiheit als Messlatte postuliert wird, dann erscheint es so gut wie unmöglich, sich im hohen Alter »frei« zu fühlen, weil so viele Einschränkungen und Verluste den Alltag und das Wohlbefinden bestimmen. Erworbene Fähigkeiten und vertraute Lebensumstände müssen verabschiedet und losgelassen werden.

»Freiheit« und »Einsamkeit« erscheinen mir wie zwei Brüder – der eine schwarz, der andere weiß. Freiheit verstanden als die (vermeintlich unbeschränkte) Möglichkeit, tun und lassen zu können, was man will. Diese Art von Freiheit verliert im Altwerden immer mehr an Kontur. Dass aber genau hier die spezifische »Freiheit« des Alternden einsetzt, nämlich sich einer radikalen inneren Wandlung anzuvertrauen, das blendet der Common Sense weitgehend aus.

Expansion, Aktivität, wachsende Fülle der Fähigkeiten, immer wieder sich neue Ressourcen erschließen – das ist das innere Programm von Kind an. Es kulminiert in den ersten, erfolgreichen Jahren des jungen Erwachsenenseins. Durch den Alterungsprozess aber wird das im Leben erworbene Selbstgefühl empfindlich gekränkt. Das Altwerden erfordert ein anderes inneres »Gesetz«. Wer nur gelernt hat, sich durch seine inneren und äußeren Leistungen zu definieren, bleibt durch die Herausforderungen des Alterns seelisch und dann auch letztlich körperlich auf der Strecke. Wer dazu noch im übernommenen Frau/Mann/Familie-Rollenbild verhaftet ist, also auf den Innenbereich der Familie konzentriert gelebt hat und weiterhin orientiert bleibt, selbst wenn er oder sie aus diesem Muster herausgefallen ist und heute als »Single« lebt, fühlt sich benachteiligt, kommt schlechter zurecht.

Schon Leopold Rosenmayr konstatierte, dass alte Menschen viel häufiger als angenommen in räumlicher Distanz zu ihren »Kindern« leben wollen, also nicht unter einem Dach mit ihnen zusammen, um so mehr aber die »innere Nähe« suchen und leben. Oder anders ausgedrückt: »Intimität auf Abstand« und »Trennung auf Widerruf«. [10]

Nicht die Einsamkeit erscheint mir das unabwendbare Schicksal des Alters zu sein, wohl aber die vielfältigen Verluste und die Herausforderung, diese zu betrauern und zu akzeptieren. Es steht an, sich der Lebensbilanz zu öffnen, auch mit den schmerzlichen Seiten der eigenen Versäumnisse, das Loslassen einzuüben, Abschiede bewusst wahrzunehmen und einzugehen und sich der Trauerarbeit hinzugeben.

Leider wird immer noch viel zu sehr Trauer mit Depression verwechselt. Es werden Medikamente oder zumindest eine »Kopf-hoch-Ideologie« verordnet. Die notwendige und Not wendende Einsamkeit stellt das Tor dar, neu die eigene Identität zu finden – im Angesicht der immer kürzer werdenden Lebenszeit und des nahenden »Bruders Tod«.

Allzu lange ist vorrangig die Rolle der Aktivität im Altern betont worden: die Wichtigkeit, neue Beziehungen einzugehen und bewährte zu pflegen, sich im Alter eine neue, soziale Aufgabe zu suchen – und dergleichen mehr. Aber auch mit der besten Vorsorge, mit »psychischer Hygiene« und intensivstem körperlichen Training lässt sich der end – gültige Verfall beziehungsweise – freundlicher gesagt – Abbau der körperlichen und oft auch mentalen Kräfte nicht verhindern.

»Die Konsumgesellschaft ... entwirft eine alterslose Welt, in der durch kosmetische Chirurgie, ... stetes Training und optimale Ernährung die Menschen gefordert sind, sichtbare Alterserscheinungen als persönliches Versagen aufzufassen.« [11] In einer solcherart definierten Welt gelingt es schwer, sich der heilenden Kraft der Einsamkeit anzuvertrauen.

---

10 in »der alte Mensch in der Gesellschaft«, Leopold und Hilde Rosenmayr, 1987, Rowohlt, Reinbek, S 186 ff

11 in »Altern ohne Angst«, Wolfgang Schmidbauer, 2003, Rowohlt, Reinbek, , S.55

So bahnbrechend die Arbeiten von Professor Ursula Lehr, Hans Thomae u.a. waren und noch immer sind für ein neues, lebendiges Verständnis des Alters, kommen doch in den letzten Jahren andere, leisere, nachdenkliche, ja, fast meditative Töne auf. In etlichen Veröffentlichungen neueren Datums geht es nicht mehr darum, bis zum Schluss, sozusagen bis zum bitteren Ende, sich seines Wertes in Außenaktivitäten und Aufgaben zu vergewissern.

Viele gute Ratschläge durchziehen die gerontologische Literatur und die Ratgeber – von der notwendigen, neuen Strukturierung des Tages bis hin zu der Aufforderung, sich eine soziale Aufgabe zu suchen und sie auszuüben. Als Übergangsstrategie haben sie alle ihren Wert – aber sie entbinden nicht von der Notwendigkeit, die persönliche Bereitschaft wachsen zu lassen und zu üben, die Schmidbauer so benennt: »Die zentrale Aufgabe im Alter ist nicht die Expansion, sondern der geordnete Rückzug«. [12]

So erst können die Tugenden des Alters entwickelt werden. Verstärkte Reflexionsfähigkeit, Konzentration auf das Wesentliche, Gelassenheit, Loslassen- Können gehören dazu. Besonders die bewährten oder auch nur eingefahrenen Rollen wollen losgelassen werden. Verwandlung steht an – in einem Ausmaß wie bisher noch nie im Leben.

Dazu braucht es des Rückzugs – die Selbst-Besinnung, die es ermöglicht, die »Kränkung des Selbstgefühls«, verursacht durch all die Verluste zu bewältigen. Und neu eine Perspektive zu suchen und zu finden, jenseits von bisher Gültigem. Rückzug, der zugleich Wege öffnet in ein »neues Land« – ein inneres, wenig spektakuläres! Aber ein »Land«, das neu oder verstärkt die Augen öffnet für das Durchscheinen einer »anderen« Wirklichkeit als der sogenannten Realität – für die Transzendierung aller Erfahrungen und Erscheinungen. Das Leben aus der Vogelperspektive und in übergeordneten Zusammenhängen sehen lernen.

Noch einmal Schmidbauer: »Wer den Tod nicht zu seinem Ver-

12 Schmidbauer a.a.O., S. 75

bündeten machen kann, wird von Verlusterfahrungen gefangen genommen. ... Gelingt es dem Ich, den Tod als Diener des Lebens, als Helfer gegen die Angst und als Sieger über den Schmerz auf seine Seite zu bringen, dann hat der Lebensmut gesiegt – für heute.« [13]

Und ohne eine bewusst bejahte zeitweilige Einsamkeit ist ein solcher Gewinn nicht zu erreichen.

Aber mehr denn je brauchen Alternde Begleiter und Begleiterinnen, die sie bei der »seelischen Knochenarbeit« nicht allein lassen, nicht vertrösten, sondern ihnen mit Aufmerksamkeit, Respekt, Achtsamkeit und Liebe begegnen – wahrlich ein hoher »Tugendkatalog«! Begleiter und Begleiterinnen nicht nur in der eigenen Schicksalsgemeinschaft der Alten, sondern ebenso der »Jüngeren« – bis hin zu der Offenheit und Direktheit eines Kindes.

Der Gewinn im Alter besteht darin, sich dem »Göttlichen« zu unterwerfen, das heißt, das eigene Schicksal anzunehmen und zugleich alles zu tun, was dem verbleibenden Rest des Lebens hier dient. Die eigene Endlichkeit annehmen und der Unendlichkeit nicht entbehren!

---

13 Schmidbauer, a.a.O., S.70 ff

Auch wenn es viele so klarsichtige alte Menschen wie Louise gibt, möchte ich doch auch die anderen würdigen – all die Namenlosen und endlos Wartenden in Pflegeheimen, die auf die Pflegerin, das Essen, den Besuch warten – und auf das Nachhause gehen in die Unendlichkeit:

Vergessen

Quer über den Teppich ausgestreckt, die Hände gespreizt, über den blauen Teppich, die Füße ineinander verkreuzt, verquer, quer über den Boden, bodennah. Und die Hände halten noch den Pinsel, gekrampft, verspreizt und lassen ihn fallen. Farbe fällt auf das Papier, dickes Packpapier, blaue Farbe. Klecks auf grauem Papier. Der Mund öffnet sich, die Wülste der Lippen aufgestülpt, nach außen blässlich, lassen den Laut fallen in die blaue Farbe, auslaufend, verlaufend, quer gelaufen.

Die Füße verquer, sie laufen nicht mehr, nicht mehr über die Erde. Die Erde ist weit, weit her. Es ist lange her, dass sie liefen, die Füße, flink und fest einst. Und der Himmel ist weit, weit noch, noch nicht erreichbar. Nur die blaue Farbe auf dem Packpapier wie Himmel über der Erde.

Quer über den Teppich ausgestreckt, über den blauen Teppich, verspreizt, verkreuzt. Da liegt sie, noch immer den Laut über die blaue Farbe auf dem Papier stülpend. Der Mund öffnet sich und unter den Wülsten nur Löcher. Aber Lachen hinter den Löchern. Stumpfes Lachen hinein in die Farbe, schon nicht mehr blau, ausgelaufen, quer über das Papier. Rinnen, Farbrinnen, dicken lautlos ein und verkrusten. Muster bilden sich, Blaumuster auf grauem Papier. Die Hände verspreizt. Sie tasten nach dem Pinsel und ergreifen ihn nicht. Die Füße verkreuzt, verknotet, quer über den Teppich, blau wie der Himmel, wie der ferne Himmel, der vergessene

Himmel, der sie vergessen hat. Nur das Lachen hinter den Löchern. Girrendes Lachen aus den geronnenen Farbmustern. Geronnenes Lachen auf den blauen Teppich. Verquer und ausgebreitet. Vom Tage vergessen und in der Nacht liegengeblieben. Aber girrendes Lachen in die blaue Landschaft, quer über den Teppich hingestreckt. Und die Wülste ergreifen ihn, den dicken Pinsel im blauen Klecks. Festgewachsen in der geronnenen, eingedickten Landschaft. Und sie halten ihn noch fest, als die kommen und sie aufnehmen, die Alte mit den gekreuzten Füßen und dem schweren, bewegungslosen Leib, mit den verspreizten Fingern und dem erloschenen Geist. Die legen sie einfach auf ihr Bett. Da liegt sie, mit dem Pinsel zwischen den Lippen. Steif, bewegungslos, mit dem Pinsel aus der blauen Landschaft. Das Lachen girrt nicht mehr. Aber die blaue Landschaft, eingetrocknet, leuchtet noch immer auf dem blauen Boden. Da liegt sie, die Alte und kann sie nicht sehen, ihre Landschaft, blau wie der Himmel, wie der vergessene Himmel. Ein Schlucken steigt auf, rülpst nach oben, erreicht den Pinsel und lässt ihn schief hängen in den schwarzen Löchern.

Vom Himmel vergessen und von denen, die sie aufnahmen. Die sind wieder gleich gegangen. Hingelegt, liegengelassen. Ihre blaue Landschaft ist fern. Sie kann sie nicht mehr sehen. Nur Schluchzen steigt noch auf. Da liegt sie, die vergessene Alte.

Und ein Schluchzen steigt auf, aus der Tiefe, aus der Ferne und erreicht ihre noch nicht ganz erloschene, aber vergessene Seele.

Magda und Maria

Ich habe gezögert, diese Passage noch zu schreiben. Es ist ausreichend und nuancenreich zu Sterbebegleitung und auch zum Leben nach dem Tod geschrieben und veröffentlicht worden, besonders im letzten Jahrzehnt.

Und doch – das »Thema Einsamkeit« wäre für mich nicht abgeschlossen, ohne einen Blick darüber hinaus zu wagen, einen Blick auf das Antlitz des Todes. Sofern es uns überhaupt vergönnt ist, diesen Blick haben zu dürfen.

Magda war alt. Seit fünfzehn Jahren pensioniert, stand sie noch immer mitten im Leben,– einem Leben, das nicht nur gemächlich dahin glitt, sondern von vielen Gesprächen, Briefen, Besuchen hin und her erfüllt war. Sie strahlte freundliche Gelassenheit aus, bisweilen untermalt vom früheren herrischen Tonfall, der ihr in ihren aktiven Jahren eigen gewesen war, als Studienrätin, unverheiratet,– aber mit zahllosen »Kindern« und Schützlingen betraut und vertraut gewesen.

Nun aber hatte »die Krankheit« – landläufig ›Schaufensterkrankheit‹ genannt – ihren Höhepunkt erreicht. Eine Beinamputation stand an. Sie erbat sich Aufschub von den Ärzten im Krankenhaus bis nach ihrem 80sten Geburtstag. Ich besuchte sie an ihrem Festtag. Lächelnd lag sie da, umgeben von Briefen und Karten, auf dem Bett, auf dem Nachttisch, auf dem Fußboden ausgebreitet. Und vielen Blumensträußen. Der Sommer reichte bis ins Krankenzimmer hinein. Wir plauderten, sie las vor aus ihrer Gratulationspost, würzte mit kleinen Anekdoten aus dem Alltag der Schreiberinnen – ehemaliger Kolleginnen, Schülerinnen, Verwandten und Freundinnen. Fast ein Idyll. Ihre jüngere Schwester und ich waren die einzigen Besucher, die sie sich erbeten hatte. Das hätte mich schon stutzig machen können – sie, die viel Besuchte. Ich nahm meinen Mut zusammen und sprach sie behutsam, ja, eigentlich verschlüsselt auf die Möglichkeit an, bei solch einer Operation sterben zu können. Nein, nein, wehrte sie ab, es ist alles in Ordnung. Die Ärzte sind mit meinem Herzen zufrieden. Nur, und dann seufzte sie einen Augenblick, »Wie soll das denn nur gehen mit dem Rollstuhl? Nur mit einem Bein?« Aber gleich darauf wandte sie sich dem unterbrochenen Gespräch wieder zu, gab ihrer Schwester eine Anweisung, wen sie denn noch anrufen möge – ich verschluckte, was ich noch sagen wollte. Und nach einem gemütlichen Nachmittag verabschiedete ich mich rechtzeitig zur Schlafenszeit.

Am nächsten Morgen ein Anruf ihrer Schwester, aufgeregt. Nur die Worte: »Komm schnell! Magda ist gestorben!« Nichts weiter. Ich ging sofort hinüber ins Krankenhaus, sie lag schon aufgebahrt in einem Nebenraum. Da lag sie – ich musste zweimal hinschauen: War sie es wirklich?

Was war geschehen? Ihre völlig aufgelöste Schwester konnte es nur nach und nach erzählen: Magda sei durch die Pflegerinnen, wie es üblich war, auf die Operation vorbereitet worden, sie selber habe anschließend an ihrem Bett gesessen und – da habe Magda sie mit einer Stimme und Entschiedenheit, die sie bisher nicht gekannt habe, aufgefordert, wieder nach Hause zu gehen. «So hat sie nie mit mir gesprochen!« Und sie weinte. »Ich musste einfach gehorchen«. Den weiteren Verlauf wusste sie nur von der Bettnachbarin und den Pflegerinnen. Kaum allein, habe sich Magda aufgerichtet, aufgestöhnt: »Mir ist so schlecht!«, war in die Kissen zurückgefallen und tot gewesen. Die Pflegerinnen und der Arzt konnten sie auch durch die sofort eingeleiteten Wiederbelebungsversuche nicht wieder zurückholen. Sie war gegangen, schnell, unauffällig und endgültig.

War sie es wirklich? Da lag sie – nein, nicht sie, das war ein Krieger, männlich, mit einem entschlossenen, nach vorn gerichteten Blick, der etwas schaute, was uns verborgen war. Der Blick atmete eine fast wilde Entschlossenheit, wie ich sie zu ihren

Lebzeiten nie gesehen hatte. Nichts mehr von ihrem freundlichen Altfrauengesicht war zu sehen.

Sie hatte (bewusst? Was wissen wir schon!) die Schwester, seit Kindertagen vertraut, weggeschickt. Um zu sterben. Um mit sich selber und ihrem Tod oder ihrem Gott oder beiden allein sein zu können – alleins zu werden. Sie ist allein, ihren ganz eigenen Tod gestorben. Aber einsam?

Auch Maria war alt, sehr alt, hochbetagt. Sie hatte ihr Leben in zwei Jahrhunderten gelebt, geboren am Ende des 19. Jahrhunderts. Sie hatte zwei Kriege erlebt und durchlitten. Die letzten drei Lebensjahre waren mühsam geworden, seit einem Jahr war sie völlig bettlägerig und auf die Pflege Dritter angewiesen. Und nun war es soweit.

Was wir landläufig »Geist« nennen, hatte sich schon mehr oder weniger verabschiedet. Sie war »verwirrt« oder zumindest meist nicht mehr reaktionsfähig. Aber im Grunde waren es die uns zugänglichen rationalen, teils auch seelischen Funktionen, die sich verabschiedet hatten. Sicherlich nicht ihr »Geist«, nämlich ihre Wesensessenz. Der war bisweilen überraschend, in wenigen Momenten der klaren Äußerung zu spüren. Dann war ihr Blick hell und zugewandt. Meist aber lag der Fokus ihrer Aufmerksamkeit in irgendwelchen, uns Angehörigen oder Pflegenden nicht mehr zugänglichen Tiefen.

Ob sie einsam war? Im üblichen Sinn sicherlich nicht. Rund um die Uhr betreut, versorgt, beachtet, angesprochen – sie lag in ihrem eigenen Bett, in ihrer eigenen Wohnung. Sie war nicht allein. Aber sie konnte sich nicht mehr bewusst äußern, von Ausnahmen abgesehen.

Vor etwa neun Monaten hielt sie noch, in einem längeren Monolog und doch zu mir hingesprochen, Rückblick auf ihr Leben. Bilder vom Aufbruch aus dem Elternhaus bis hin zu den Zeiten lange nach dem Tode ihres Mannes zogen offenbar an ihr vorbei, sie gab ihnen Worte und erzählte mir davon. Die letzten Sätze gingen in einem Gebrabbel unter – sie gingen nur für meine Ohren unter, sicherlich nicht für ihre Seele, die sich den Abschied vom Leben erarbeitete. Mich, ihre Tochter, die ich am Bett saß, erkannte sie nicht mehr, sprach mich mit »Sie« an, hielt mich vielleicht für eine der Pflegenden. Ich vermute, dass sie sich so eher mitteilen konnte – einer anscheinend Fremden.

War sie da einsam? Ich meine: Nein. Der Verbindungsfaden zur menschlichen Gemeinschaft war zwar schon sehr brüchig geworden – aber sie erschien mir in einem viel tieferen Sinn mit dem eigentlichen SEIN verbunden. Diese Verbindung war mir nicht mehr zugänglich, ich konnte sie nur ahnend spüren. Einen Hauch davon erfuhren wir beim letzten Weihnachtsfest, als sie, die kaum noch sprach und auf Impulse oder Worte von außen nicht reagierte, beim Singen der alten, ihr einst vertrauten Weihnachtslieder auf einmal mit einer tiefen, brüchigen Stimme einsetzte, Töne und Worte mitsang – bis auch hier der Faden wieder abbrach.

Und jetzt war offenbar der letzte Tag gekommen. Mit der Hausärztin abgesprochen, gaben wir ihr nur noch ganz wenig zu trinken, benetzten die Lippen so oft wie möglich, achteten darauf, dass sie trocken lag – und wachten an ihrem Bett.

Am letzten Tag waren nur wir für sie da, ohne die zusätzlichen Pflegerinnen, denen sie mit der Zeit ans Herz gewachsen war. Es war ein wunderschöner Junitag, es blieb lange hell. Aber auch heute kam die Nacht. Wir saßen zu zweit an ihrem Bett, meine Schwester und ich. Die letzten Stunden schon hatten wir nicht gesprochen, nicht miteinander, nicht mit ihr. Wir hatten – unabgesprochen – beide das Empfinden, dass Worte jetzt nur stören würden. Und die Einheit, in der sie schon zu sein schien, in der sie schwer atmend und schließlich röchelnd lag, unterbrechen würde. Worte könnten sie nur im Hier halten. Nein. Es war soweit!

Noch immer hielt ich ihre Hand. Sehr vorsichtig. Ich bekam mehr und mehr das Bedürfnis, diesen letzten körperlichen, »irdischen« Kontakt einzustellen und sie völlig ihrem ureigenen Weg zu überlassen. Sie nicht festzuhalten, und sei es auch nur durch eine Berührung der Hand. Schließlich zog ich meine Hand ganz zurück, blieb nur neben dem Bett sitzen. Still. Im Herzen sprach ich das »Vater, in deine Hände befehle ich ihren Geist«. Irgendwann war vor mir das klare Bild – ohne etwas zu »sehen« – eines hohen, dunklen, dreiteiligen Tores. Und ein starker Wind, durch nichts aufzuhaltend, wehte hindurch. Ich »wusste« zugleich mit der besonderen Intensität solcher Erfahrungen: ich darf mich dem »Tor« nicht nähern, oder etwa ihr durch das Tor zu folgen versuchen – ich gehöre auf diese Seite. Sie ist jetzt auf der anderen Seite. Und sie ging in das Größere, in das Eins-Sein hinein, in die Eine Wirklichkeit.

Erst Stunden später tat sie ihren letzten, endgültigen Atemzug.

Einsamkeit im Sterben? Wir können nur ganz allein unseren ureigenen Tod erleben, in der unverwechselbaren, uns eigenen Gestalt. Insofern sind wir einsam – selbst wenn jemand am Bett sitzt und unsere Hand hält.

Eine andere, notwendende Frage ist die nach der Einsamkeit *vor* dem Sterben! Hier sind Angehörige, Freunde und Pflegende mit ihrer behutsamen, achtsamen Begleitung in einem hohen Maße gefragt – eine Achtsamkeit, die auch die Signale wahrnehmen lässt, die Sterbende wie z.B. Magda aussenden. Sie wollte sich vor ihrem gespürten oder erahnten »letzten Atemzug« ganz auf sich selbst und den Übergangsprozess konzentrieren. Eine entsetzte oder tröstende oder eifrige, um ihr Weiterleben bemühte Schwester, wäre für Magda dabei wohl nur hinderlich gewesen.

Einsamkeit zeigt gerade im Sterben ihr Doppelgesicht: Im eigentlichen Prozess des Übergangs befinden sich die Sterbenden in einer absoluten Vereinzelung. Sie sind schon nicht mehr Teil der menschlichen Gemeinschaft – und sie werden Eins, gehen hinein in eine größere Wirklichkeit.

Im Sterben wird die Vereinzelung und damit auch die Vereinsamung auf ihren Höhepunkt getrieben und erreicht eine letzte erlebbare Spitze. Danach erst gehen die Sterbenden ein in die »Erste Wirklichkeit« – wie die Mystiker sagen – eine Wirklichkeit, die jenseits unserer Individualität, ja, mehr noch, jenseits unserer möglichen Vorstellungen liegt.[14].

14 siehe auch Eckart Wiesenhütter in »Einsamkeit«, H.J.Schultz, a.a.O. S. 78

Aufbruch

Geh in das Land, das vor dir liegt
offen wie ein aufgeschlagenes Buch mit leeren Seiten

Fülle sie nicht mit deiner Vergangenheit
fülle sie nicht mit deinen Erwartungen
übe loszulassen

Gehe, atme und gehe
ganz dem Augenblick hingegeben
übe dich hinzugeben

Vor Dir du selbst
nicht Verdienst und Leistung
nicht Schuld und Versagen
nicht mancherlei Schwäche

Einzig da sein und lieben
das genügt
Und wenn du träumen willst – träume
wenn du planen musst – plane

Und wisse
dass Träume Spiegelungen Deiner Seele sind
dass Vorhaben und Aktivitäten
noch ein Ausdruck deiner persona sind

Genieße deine Kraft und wisse
dass sie dir geliehen ist

Achte Schmerzen und dein Angewiesensein
und halte dich nicht in ihnen fest

Lass dich herausfordern
und antworte mit ganzem Herzen
öffne dich dem Mitleid und der Gelassenheit

Verlass das Haus deiner Gewohnheiten
liebgewordenen Muster und bewährten Rollen

Überlass dich dem Wind
er wird dich führen
ob du es willst oder nicht

Empfange die Liebe zu allem Lebendigen
Lass dich mit ganzer Seele auf sie ein
jeden Tag von neuem

Die Liebe wird dich führen
bis zu deinem letzten Atemzug
bis zu dem endgültigen Übergang
den wir Tod nennen

Bis du dem Unnennbaren
unverhüllt gegenüberstehen wirst

Vor Dir
›Nichts Böses
Nichts Gutes
Dein Urangesicht
Jetzt‹

Ausklang

Von der Kraft aus der Einsamkeit

> *»Wenn ich höre, wie die Menschen der Moderne über Einsamkeit klagen, dann weiß ich, was geschehen ist. Sie haben den Kosmos verloren. Es ist nichts menschliches und persönliches, an dem es uns mangelt. Uns fehlt kosmisches Leben, die Sonne in uns, der Mond in uns.«*[15]

Welch hohen Worte!

Aber wer sich einsam fühlt, fühlt sich verlassen, fühlt jedoch nicht den Verlust der Sonne, des Mondes in sich selber.

Oder, wie es eine meiner Gesprächspartnerinnen ausdrückte (s. S 63 in »Einsamkeit ist wie ...«) »allein in der unendlichen Weite eines Schneefelds in Alaska, sich sehr winzig fühlen.« Wer sich verlassen fühlt, empfindet das nicht als den Verlust des All-Einseins.

Einsamkeit – ein Empfinden. Nur ein Empfinden?

Ich meine, Einsamkeit gehört wie »die Mündigkeit des Bürgers« und das »Recht auf freie Meinungsäußerung« zu den unveräußerlichen Säulen unserer gesellschaftlichen Ordnungsprinzipien. Nur wird sie noch immer als krankhaft oder defizitär angesehen, verbissen verschwiegen und gerne verdrängt.

Aber Einsamkeit ist nicht eine »Erfindung« der Postmoderne. Schon immer tauchte sie auf, besonders dort, wo Krisen erlebt werden – gerade auch im spirituellen Bereich. Die Eremiten früherer Jahrhunderte wussten ein Lied von ihr zu singen.

Auch die alten Volksmärchen spiegeln Gefahren und Chancen der Einsamkeit, in ihrer spezifischen Sprache, in ihrer schwebenden Bildhaftigkeit wider. Aber auch sensible Schriftsteller und Dichter

---

15 D.H.Lawrence in der Radio-Sendung vom 17.11.07 WDR, Manuskript S.1

aller Zeiten kennen sie. Ich möchte hier pars pro toto nur aus dem letzten Jahrhundert Marlen Haushofer nennen.

Seltsam – die im Wort »Einsamkeit« ursprünglich angelegte Wortbedeutung ist im Alltagsverständnis längst versickert, und man hört im »Alleinsein« nicht mehr das All-Einssein mit.

Das Wort »Einsamkeit« entstand im 15. Jahrhundert. Aus »allein« ist »ein« geworden, und »sam« bedeutet »von gleicher Beschaffenheit«. So weist dieses Wort hin auf das Erleben, mit anderem, anderen sich vereint, ineins, ja, gleich und nicht-unterschieden zu fühlen und zu wissen. Im »Deutschen Wörterbuch« der Brüder Grimm lese ich, dass im Althochdeutschen das entsprechende Wort aus dem lateinischen unitas, die Einheit, entstanden ist.[16]

> *»Aber tut sich nicht zuweilen im stillsten Allein-Sein eine unvermutete Pforte auf? Kann sich nicht der Verkehr mit sich selbst in einen Verkehr mit dem Geheimnis verwandeln?«* Martin Buber[17]

Was ist nur im Laufe der letzten zwei Jahrhunderte, nach der Aufklärung und nach der beginnenden Industrialisierung, mit der Individualisierung geschehen? Wie kommt es, dass das Wort **Individuation,** von C.G. Jung[18], in der ersten Hälfte des 20. Jahrhunderts geprägt, nur in Liebhaber- und Fachkreisen en vogue, aber im Allgemeinverständnis ein Fremdwort geblieben ist?

---

16 Jacob und Wilhelm Grimm, »Deutsches Wörterbuch«, Deutscher Taschenbuch-Verlag, München, 1984, S. 262.f

17 Martin Buber, in Sendung vom 17.11.07 WDR 3, Manuskript S.1

18 »Individuation bedeutet, zum Einzelwesen werden, und, insofern wir unter Individualität unsere innerste, letzte und unvergleichbare Einzigartigkeit verstehen, zum eigenen Selbst werden. Man könnte daher auch Individuation als »Verselbstung« oder als »Selbstverwirklichung« übersetzen.« In »Erinnerungen, Träume, Gedanken« von C. G. Jung«, Aniela Jaffé, Walter, 1971, S. 412

Wie soll der/ die Einzelne sich in den eigenen Tiefen und damit wirklich kennen lernen und wachsen können, wenn er/sie sich nicht in die Eins-Samkeit zurückziehen kann? In eine lebendige, wenn auch vielleicht bisweilen schmerzliche Einsamkeit?

Wenn ein Kind sich vor der Pubertät als sozial und emotional isoliert, auf sich selber zurückgeworfen erlebt, ist das unnatürlich. Es hat die Entwicklungsphase noch nicht erreicht, in der seine Persönlichkeit, seine Identität ausgeprägt genug ist, um Einsamkeit als Entwicklungsschub erfahren zu können.

Aber als unnatürlich sehe ich es auch an, wenn alt und älter werdende Menschen der Einsamkeit ausweichen wollen – ja, wenn schon Menschen mittleren Alters mit immer hektischer werdenden Aktivitäten der im Untergrund ihres Bewusstseins drohenden Einsamkeit auszuweichen versuchen, um sich von sich selber abzulenken.

> *»Warum tun wir alles mögliche, um das Alleinsein zu vermeiden? Ein Grund ist sicher der, dass wir es nicht gelernt haben, Einsamkeit zu ertragen. Man kann aber etwas nicht erlernen, vor dem man immer auf der Flucht ist. ... Wir versuchen so schnell wie möglich das aufkeimende unbehagliche Gefühl zu betäuben, zuzudecken mit irgendwelchen Füllseln. ... Und das lässt uns gar nicht dazu kommen, sie als einen Wert zu erleben, da wir von vornherein der Meinung sind, dass Einsamkeit nur Leere, Langeweile, kurz ein Mangelerlebnis sei. Was bedeuten uns noch Werte wie Stille, Sammlung, Besinnlichkeit, Schweigen, in-uns-hinein-horchen, Selbstbegegnung oder Selbstvergessenheit?«*
>
> Fritz Riemann[19]

19 in »Einsamkeit«, Hg. H.J.Schultz, Kreuz, 1981., S.28

Zur Einsamkeit gehören die uns vertrauten Erscheinungsweisen wie die der Atempause, das Stillesein, das Schweigen. Aus der Kraft der Einsamkeit erwachsen Selbstgespräche, Tagebuchseiten, Briefe schreiben. Weit spannt sich der Bogen des Erlebens und reicht von schöpferischen Anteilen bis zur inneren Stagnation, von heilender Regeneration bis zur tödlichen Langeweile.

Ich verstehe Einsamkeit vorwiegend als einen seelisch-sozialen Zustand einer Übergangsphase, als Ausdruck einer Krise. Einsamkeit kann eine Wandlung unterstützen, bisweilen auch auslösen. Immer ist sie Mittel zum Zweck – zum Zweck des inneren Wachstums. Einsamkeit kann im Verlauf des Lebens eines Menschen immer wieder auftauchen, kann ihn förmlich überfallen. Nach meinem Verständnis ist sie stets ein Hinweis auf eine Wandlung, die ansteht. Jedoch als andauernden, sich selber verfestigenden Zustand halte ich Einsamkeit für nicht »menschenwürdig«.

Und doch gestehe ich ein, dass wohl immer mehr jüngere und ältere Menschen unter uns leben, die sich in einem Zustand »eingerichtet« haben, der nur als zutiefst einsam bezeichnet werden kann. Ohne jedoch die Kraft der inneren Wandlung frei zu setzen, ohne sich dem All- Einssein anvertrauen zu können.

Oft liegt eine entsprechende Prägung zugrunde, in der Herkunftsfamilie erworben. Die Betroffenen empfinden in der Regel sich nicht als einsam, haben sich schon lange arrangiert und ihre Deutungsmuster gefunden für ihr eigenes Wesen und Verhalten – und das der anderen, die es angeblich ihnen nicht ermöglichen, zu den anderen Zugang zu finden.

Auch einige meiner Protagonisten bringen eine solche Prädisposition mit (z.B. Cella, Fanny, Georg und nicht zuletzt Helga). Trotzdem gilt auch für sie, was ich als Chance der Krise Einsamkeit bezeichne.

Wenn auch bisweilen in verschütteter Form, leuchtet hinter

jeder Gestalt, hinter jedem geschilderten Menschen, die unausgesprochene Maxime auf:

Werde, der du bist.

Das ist eine Maxime, die ein Angebot ist und eine Möglichkeit enthält, und die so zum »Auftrag« werden kann, der immer wieder neu aufgegriffen werden muss. Ein Angebot und ein Auftrag, der auch bestehen bleibt, wenn Menschen durch lebensfeindliche und zerstörerische Umstände von ihren Bestrebungen, Zielen, Wünschen, Hoffnungen abgebracht werden, ja, wenn diese nur noch verschüttet in ihnen ein Kümmerdasein führen.

»Werde, der du bist« – ein sehr kurzer, fast lapidarer Leitsatz aus der Sufi-Mystik. Ich wünsche und hoffe, dass sich immer wieder Menschen allen Alters auf den Weg machen, auf ihren eigenen Weg, in und trotz aller äußeren Verhinderungen.

Die Krise als Chance

Zur Krise im Leben eines Menschen kommt es, wenn er ein Problem, eine schicksalhafte Herausforderung, eine Krankheit durchlebt – kurz: eine Lebenssituation, die ihn an die Grenzen seiner Möglichkeiten führt. Mit seinen persönlichen, bisher bewährten Strategien, gelingt es aber diesmal nicht, die Situation zu bewältigen – weder emotional noch mental. Seine Strategien greifen dieses Mal nicht! Er ist mit seiner Weisheit am Ende. Er ist in der Krise. Was nun?

Um nicht stecken zu bleiben, muss der Betroffene Abstand gewinnen – einen Abstand, der es ihm ermöglicht, in Kontakt mit seinem Problem zu treten, sich dem gegenüber stellen zu können. Das ist oft nur durch Hilfe Außenstehender möglich.[20]

Konrad O. (vgl. S. 113 ff) kann diesen Abstand gewinnen, indem er ein imaginäres Gegenüber genannt Gott mit seinem Zorn und seiner tiefen Verzweiflung überschüttet und so einen Weg findet, mit seiner Trauer zu leben.

Krise ist immer Zuspitzung, Höhepunkt einer plötzlichen oder schleichenden Entwicklung, zugleich aber Wendepunkt mit höchster Dringlichkeitsstufe.

Jede Krise stellt eine Art Kreuzweg dar. Und es ist eine Entscheidung nötig, die Zerreißprobe in eine Chance zu verwandeln. »Anstatt ständig an die Ungerechtigkeit zu denken, ... können wir uns auf unsere Freiheit (zum Handeln) konzentrieren.«[21]

Die Zuspitzung eines Lebensproblems belegt alle inneren und äußeren Kräfte des Betreffenden mit Beschlag, sodass nur noch Rückzug und oder Konzentration auf sich selber möglich ist. Das führt unweigerlich in Einsamkeit und ist im Grunde ein »Krisenmanagement« des Selbst!

---

20 nach Verena Kast »Vom schöpferischen Sprung – vom therapeutischen Umgang mit Krisen«, Kreuz, 1987, S. 16f

21 in »Anfang und Ende sind eins«, Sheldon Kopp, Krüger, 1995, S. 18

Das Selbst: ein Wortbild für die innerste Essenz eines jeden, die immer »da« ist, aber meist nicht im alltäglichen Geschehen und Getriebe wahrgenommen wird. Weder vom Betroffenen noch von seiner wohlmeinenden oder kritischen Umgebung.

Die Krise drängt zum Höhepunkt, aber nicht automatisch zur Lösung. Vor der Lösung liegt die Entscheidung des Betroffenen, einen Weg, seinen Weg (weiter) zu gehen oder neu zu finden. Wenn er stattdessen verharrt, auf dem Höhepunkt (der Krise) versucht in der Balance zu bleiben, wenn er mit allen Kräften versucht, den Status quo zu halten, dann stürzt er irgendwann ab. Das Leben entscheidet für ihn – mithilfe etwa von Krankheit, Unfall, Schicksalsschlag, oder ... . Und es bleibt weiterhin die Aufgabe bestehen, die eigene Krise zu erkennen, zu bejahen und aufzulösen.

Krisen lösen fast immer Ängste aus. Allein schon der Schwebezustand zwischen Nicht-mehr und Noch-nicht reicht dazu aus. Auch eine Krankheit kann die Unterstützung des Selbst sein, mit noch mehr Rückzug und Konzentration auf den eigenen, innersten Kern der Lösung nahe zu kommen, die Entscheidung reifen zu lassen.

Im Umgang mit Menschen in Krisen der Einsamkeit ist es nicht »hilfreich«, abzulenken und zum Herausgehen aufzufordern. Das hilft bestenfalls im Moment, aber eben nicht mehr und nicht weniger, als ein kräftiger Schluck aus der Pulle einen Alkoholiker sich entspannen lässt, um ihn aber hinterher umso tiefer mit seinem unveränderten Elend zu konfrontieren. Jedoch hilfreich kann sein, behutsam und dennoch mit Tiefenblick auf die innere Lage des Betroffenen unter seiner Einsamkeit ein Gespür zu entwickeln für die *eigentliche* Krise, sie ansprechbar und aussprechbar werden zu lassen.

In den vorliegenden »Skizzen« sind Menschen beschrieben, die einige der möglichen Ausprägungen von Einsamkeit leben

– Formen, die sich krisenhaft entwickeln und von daher in sich die Chance zur Wandlung tragen.

Werde, der du bist

Benita Glage
Geboren 1936 in Memel. In Berlin zu Hause. Studium der Erziehungswissenschaften (u.a.). Fast mit Leidenschaft in der Erwachsenenbildung mit Frauen gearbeitet. 1997 nach Bonn übergesiedelt. Veröffentlicht Lyrik, Erzählungen, Romane, Sachbücher und wurde mit mehreren Literatur-Preisen ausgezeichnet. Benita Glage möchte mit ihren Arbeiten dazu beitragen, dass Frauen und Männer ihr »inneres Haus« finden.

Veröffentlichungen (Auswahl):
Pentagramm oder Das Schulbrot, das in den Graben fiel, München 2008.
Vergiss nicht, dass du aufgebrochen bist. Kurze Erzählungen und Texte, Bonn 2006.
Über das Alter – Vom Recht, alt werden und trauern zu dürfen. Essay, Bonn 2003/2005.
Die Brücke. Erzählung, Bonn 2001.
In der Liebe zuhause sein. Roman, Literatur Atelier im Frauen Museum, Bonn 1999.
Die Steppenwölfin – Alleinleben von Frauen. Skizzen, Intensivinterviews, Reflexionen. Eine Studie, Hg. Evangelisches Bildungswerk, Berlin 1995.
Lass uns wieder über Liebe reden. Roman, Salzer, Heilbronn 1993.
Warum bleibt der Gott im Himmel? Mit Kindern über das Leben nachdenken. Ein Lesebuch für Erwachsene, Kösel, München 1992.
SelbstGespräche. Gedichte, Berlin 1984.

Eigene Notizen

Eigene Notizen